Markus Jakob

Lesereise Barcelona

*Metro zum Strand oder
die vermessene Stadt*

Picus Verlag Wien

Grafische Gestaltung: Dorothea Löcker, Wien
Umschlagabbildung: © Buenos Dias / Stephen Wolf
Druck und Verarbeitung:
Druckerei Theiss GmbH, St. Stefan im Lavanttal
ISBN 978-3-85452-974-3
Informationen über das aktuelle Programm
des Picus Verlags und Veranstaltungen unter
www.picus.at

Inhalt

Aviso

Das Literatur gewordene Barcelona

> *Mon sang est un chemin de fer sans arrêt qui mène à Barcelone.*
>
> Francis Picabia

> *Mein Blut ist ein Schnellzug ohne Halte, der nach Barcelona fährt.*
>
> Francis Picabia

Eine nervöse Stadt wie Barcelona scheint nur Momentaufnahmen von sich zuzulassen. In Wirklichkeit ist sie, wie das Buenos Aires von Borges, »so ewig wie das Wasser und die Luft«, und ihr frenetischer Wandel schiere Oberfläche.

Durch Oscar Wilde wissen wir, dass »nur seichte Menschen nicht nach dem Äußeren« urteilen; denn »das wahre Geheimnis der Welt ist das Sichtbare, nicht das Unsichtbare«. Für Barcelona fiel mir einst die Bezeichnung »die Stadt der Offensichtlichkeiten« ein. Der Plural ergab sich von selbst – es sind die »appearances«, wie das »Äußere« bei Oscar Wilde heißt, die den Urbanauten sowohl in historische Schichten tauchen lassen wie für die Simultaneität des Stadtgeschehens alert machen.

Ist nun die Oberfläche der Stadt laut Wilde zugleich ihre Tiefe, so erscheint die Aufgabe, sie literarisch darzustellen, desto aussichtsloser. In Cervantes' berühmten Schmeichelworten im zweiten Band des »Don Quijote« mag man Barcelona vierhundert

Jahre später, bei einigem guten Willen, noch teilweise erkennen – als »Wohnsitz der feinen Sitte, Herberge der Fremden, Zuflucht der Armen, Heimat der Helden, Rächerin der Erniedrigten und anmutige Erwiderin treuer Freundschaften, an Lage und Schönheit einzig in der Welt«. ¡*Vale!*

Gewisse ideologische Vorbehalte lassen mich die patriotisch beflügelten, wie einst im Mittelalter wieder auf Katalanisch verfassten Lobgesänge auf die Stadt des späten 19. Jahrhunderts überspringen. Hingegen möchte ich auf zwei heute teils auch auf Deutsch erhältliche Klassiker der katalanischen Literatur des 20. Jahrhunderts hinweisen: Josep Pla und Josep de Sagarra. Ersterer bildete in seinem »Grauen Heft« in feinsten Ziselierungen, aus der Sicht des aus der Provinz in die Hauptstadt übersiedelten Studenten, ein urbanes Gestrüpp ab, dessen schmetterlinghafter Chronist – mit Wiener Zeitgenossen wie Alfred Polgar, Peter Altenberg oder Anton Kuh vergleichbar – der unerschrockene Bourgeois Sagarra war.

Das so gutbürgerliche wie anarchische Barcelona der höchst turbulenten Epoche, als deren Eckdaten der Anfang der Stadterweiterung um 1860 und der Triumph des Faschismus 1939 gelten können, lockte freilich auch immer wieder ausländische Intellektuelle an. Einer von ihnen, der Dada-Vorläufer Arthur Cravan, trat 1916 in der Stierkampfarena Monumental gegen die schwarze Boxlegende Jack Johnson zum Kampf um den Weltmeistertitel aller Klassen an. Selbstverständlich wurde der Poet k.o. geschlagen – *noqueado*, wie es so schön heißt: der Legende zufolge nach zwanzig Sekunden, in Wirklichkeit – vermutlich nach Absprache – in der sechsten Runde. Mit dem Preisgeld machte er sich auf demselben Schiff wie Leo Trotzki – freilich aus anderen Gründen – nach New York davon, um 1918 in Mexiko einunddreißigjährig, unter bis heute ungeklärten Umständen, aus dieser Welt zu verschwinden.

Cravan, ein Neffe Oscar Wildes – was kein Scherz ist, obwohl er selbst es erst nach Wildes Tod erfuhr –, war zweifellos eine in das Barcelona jener Tage passende Figur: der Stadt, die zur selben Zeit eben deshalb prosperierte, weil ihre Textilindustrie halb Europa mit Kampfuniformen belieferte. Ihre Barcelona-Erlebnisse haben nach ihm insbesondere französische Autoren reihenweise festgehalten: Bataille, Genet, Claude Simon, Paul Morand, Joseph Kessel, Malraux, Mandiargues, MacOrlan … Für viele von ihnen war vor allem das Barrio Chino, jahrzehntelang das zugleich erbärmlichste und glamouröseste Sündenbabel Europas, ein Faszinosum sondergleichen. Bis zum Spanischen Bürgerkrieg, und selbst noch danach.

George Orwell, der den Krieg mitmachte, legte davon in seiner »Homage to Catalonia« beredtes Zeugnis ab. Ironie der Geschichte, dass heute direkt neben dem Straßenschild, das ihm seinerseits die Ehre erweist, ein Kameraauge wacht – obwohl Spanien vom Überwachungswahn, der die Heimat des Autors von »1984« befallen hat, noch weit entfernt ist. Im Volksmund heißt die um 1990 durch einen Häuserabriss geschaffene Plaça de George Orwell ohnehin *la Plaza del Tripi*; gemeint ist LSD, für das dieser Stadtteil, wie stets schon für alle möglichen Rauschmittel, ein bevorzugter Umschlagplatz geblieben ist.

Literarische Spuren hinterließen in Barcelona auch Ilja Ehrenburg und Ödön von Horváth, dessen »ewiger Spießer« hier »fremdländische Hofopernsängerinnen für sich einzunehmen und Portschingers aus aller Welt auszunehmen« suchte und sich dabei so international fühlte, dass er beschloss, »Paneuropäer zu werden«. Es ist meines Wissens nie geklärt worden, ob auch Walter Serner, bevor er 1938 nach Prag und von dort ins Vernichtungslager wanderte, zumindest einen Teil der Jahre nach seinem »Verschwinden ins Privatleben« in Barcelona zugebracht hat. Wenn ja, dann wohl kaum in denselben Sphären wie Arnold Schönberg, der aus gesundheitlichen Gründen 1931/32 in den reineren Lüften der Oberstadt seinen »Moses und Aron« vollendete.

Man sagt, in Spanien sei das 19. Jahrhundert nicht – wie es ein geschichtlicher Gemeinplatz will – 1914 zu Ende gegangen, sondern erst 1975 mit dem Tod des Diktators Franco. Dem wäre entgegenzuhalten, dass sich die Moderne zumindest in Barcelona bis 1939 in all ihren Facetten – soziologisch, politisch, künstlerisch – mit außerordentlicher Vehemenz manifestierte, und dass das Regime die Neugier und den Freiheitsdrang der Stadt spätestens seit den sechziger Jahren nicht mehr unter Kontrolle zu halten vermochte. Der Begriff der Freiheit kann im Übrigen auch den Ausbruch aus einer Enge meinen, wie ihn damals der Schweizer Schriftsteller Paul Nizon in Barcelona erlebte und in seinem Roman »Untertauchen« schilderte. Zur selben Zeit trieben sich Künstler wie Marcel Duchamp und Dieter Roth in Katalonien herum, und García Márquez und Vargas Llosa – die Asse des im Übrigen von barcelonesischen Verlegern orchestrierten Lateinamerika-Booms – hatten in Barcelona Wohnsitz genommen. Nach Spaniens Demokratisierung, die zeitlich mit den lateinamerikanischen Militärdiktaturen zusammenfiel, folgten ihnen Hunderte anderer Autoren; der heute kultisch verehrte Roberto Bolaño war einer von ihnen, und viele sind bis heute geblieben.

Endgültig gelüftet wurde das Geheimnis, dass Barcelona eine aufregende Stadt und nicht bloß Spaniens manchmal stotternder Wirtschaftsmotor ist, dennoch erst nach der vierzig Jahre währenden Franco-Diktatur. Die Literatur trug das Ihre dazu bei. Durch die Romane Juan Marsés flutet das stinkgewöhnliche Leben der oft frisch eingewanderten Bewohner der Außenbezirke; Vázquez Montalbán ließ seinen Privatdetektiv Carvalho die Höhen und Tiefen Barcelonas auf eine Weise durchstreifen, die der geschichtlichen Entwicklung fast Schritt auf Schritt folgte; Eduardo Mendoza hingegen suchte meist die historische Distanz, um seine Stadt zu begreifen. Deren »appearances« so zu mythologisieren, dass er dadurch zum weltweiten Bestsellerautor aufstieg, gelang erst Carlos Ruiz Zafón und – literarisch dürftiger – Ildefonso Falcones.

Der Fremdling Francis Picabia hatte vor beinahe hundert Jahren gewiss ein mindestens so feines Gespür für die Stadt wie die letztgenannten Autoren. Der Verfasser dieses Bändchens hingegen muss, wie bei der 2000 publizierten »Lesereise Barcelona«, leider erneut darauf hinweisen, dass sie, obwohl vollkommen neu zusammengestellt, schon bei Erscheinen vom frenetischen Wandel der Stadt, sprich ihrer Ewigkeit, überholt zu werden droht. Einige der kürzeren Texte stammen aus den frühen neunziger Jahren; die »Porträts« sind 2007 entstanden; und bei den längeren Texten handelt es sich um – wo möglich aktualisierte – Assemblagen aus Reportagen der vergangenen Jahre. Inzwischen rackert sich die Stadt weiter an sich ab; und was gleichzeitig geschieht, wird bald schon historische Tiefe haben.

Mischformen einer zweischneidigen Schönheit

Binnen zehn Jahren hat Barcelona fast einer Million Immigranten einen Schattenplatz gewährt

Sie haben die Wahl, wie Ihnen Barcelona zu Füßen liegen soll: zerzaust oder züchtig, als scheinbar undurchdringliches Dächergewirr oder als streng geometrischer Straßenraster. Das Panorama auf dem Montjuïc lässt den Schwenk ins suburbane Weichbild zu; vom Tibidabo aus hingegen glitzern die Achsen des Eixample, zu den geordneten Maßen des Hafens abfallend, im Halbkreis eines gigantischen Freilichttheaters. Es ist kaum zu fassen, dass der Blick von den beiden Aussichtsbergen dieselbe Stadt zeigt.

Das wohlhabende Barcelona der westlichen, höher gelegenen Stadtteile Pedralbes, Sarrià oder Sant Gervasi bekommen Touristen kaum je zu Gesicht; noch seltener – außer auf dem Weg zum Park Güell – die Geheimnisse alteingesessener Viertel wie Horta, El Carmel oder Vallcarca, die sich an das östliche »Vorgebirge« klammern und von deren teils unwahrscheinlich steilen, heute oft von Rolltreppen flankierten Straßen man die sensationellsten Ausblicke auf den Stadtkörper und den Meereshorizont erhascht. Das andere Extrem bilden die an den alten Hafen angrenzenden Teile der Altstadt. Einst Inbegriff der Verruchtheit und Zwielichtigkeit, sind sie heute die Trampelpfade grässlicher Herden, denen man – anders als den armen Sündern von dazumal – selbst die primitivsten Regeln des Stadtlebens beibringen müsste: dass Männer gut daran tun, ihre Brustbehaarung in der Stadt nie ganz unbedeckt spazierenzuführen, und dass auch das Dekolleté der Damen auf urbanen Gehsteigen nicht endlose Nuancen zulässt.

Es sind ja immer bloß Vorübergehende. Durch urbanistische Eingriffe und die Implantation neuer Museen und Hochschulen gebändigt, wurde dieser Stadtteil wie eh und je durch die nächste Welle von Immigranten aufgewühlt und ist daher mehr denn je das Laboratorium der künftigen Stadt. Am brisantesten ist die Mixtur im einstigen Barrio Chino, heute Raval genannt, wo nicht europäische Immigranten die Bevölkerungsmehrheit bilden. Dem Paralelo, Barcelonas einstigem Broadway, ist zwar der damals rund um die Uhr herrschende Trubel abhandengekommen; dank den Immigranten aber brodelt er weiterhin von theatralischen Gegensätzen.

Auch den Eingang des Liceu, der 1994 abgebrannten und wieder aufgebauten Oper, trennen nur einige Schritte vom Halal-Metzger, dem pakistanischen Nähstübchen und den (sehr jungen) Überresten des hier immer schon üppig blühenden Straßenstrichs. Viele dieser Gassen sind so eng und finster wie eh und je, doch öffnen sie sich gelegentlich auf neue, stilvoll gestaltete Plätze. Als für die Rambla del Raval gleich fünf Häuserblöcke geopfert wurden, glaubten viele, nun seien die für ihre präzisen Eingriffe lange international gepriesenen Stadtplaner dem Wahnsinn verfallen oder endgültig dem Spekulationsdruck erlegen. Das Ergebnis aber ist, dass selbst das von Gittermaschen umhüllte zwölfgeschossige Oval eines hier implantierten Fünfsternehotels das frische Leben an dieser neuen Rambla nicht zum Erliegen gebracht hat.

Anders als im Raval verlief die Entwicklung am anderen Ende der Altstadt, wo der Born zum Inbegriff der Gentrifizierung geworden ist. Rund um das gotische Elementarwerk der Kirche Santa María del Mar wimmelt es heute von Modeläden und einigen jener Restaurants, die die katalanische Küche zum gastronomischen Hype gemacht haben. Als *nueva nouvelle cuisine* apostrophiert, hat sie laut der *New York Times* die französische Küche entthront und mit ihren Menüfolgen aus bis zu dreißig *tapas*, eines verrückter als das andere, der Kochkunst neue Wege gewiesen. Wer die finstren Gassen des Raval scheut, der sollte zumindest die lichten Kreationen auf den Tellern der katalanischen Küchenlaborchefs kosten.

So wie die Zutaten in dieser Küche ihren Geschmack bewahren, aber in nie vermuteten Formen, Konsistenzen und Kombinationen serviert werden, so füllen sich die beiden urbanen Pole – die wohlgestalte Ober- und die menschendurchflutete Unterstadt – mit immer neuen Bildern. Es genügt aber ein Blick auf den Stadtplan, um zu erkennen, dass dazwischen noch ein anderes Muster liegt, Barcelonas eigentliche Gussform: Es sind die Häuserkarrees des Eixample, der rationalistischen Stadterweiterung des 19. Jahrhunderts, die in Europa nicht ihresgleichen hat. Sie wird Barcelona auf alle Zeiten von den durch Zufallsentwicklungen oder urbanistische Stümpereien gewachsenen Städten unterscheiden.

Am Stadtkörper ist das Auf und Ab der Geschichte leicht ablesbar. Auf die Blüte im Spätmittelalter folgte der langwierige Niedergang: Das Barock etwa hinterließ hier kaum nennenswerte Spuren. Erst als Barcelona im 19. Jahrhundert zur Industriestadt wurde und zugleich das katalanische Nationalbewusstsein erwachte, gab diese Mischung – Finanzkraft und ein heftiger Wille zur Eigenständigkeit – jenen Bauten Gestalt, die heute auf der Liste der Sehenswürdigkeiten ganz oben stehen: denen des *modernisme* und insbesondere natürlich denen Antoni Gaudís. Gaudí ist zugleich eine absolute Ausnahmeerscheinung und der perfekte Repräsentant seiner Zeit und seines Landes. Umso mehr heute, da er als Touristenköder Nummer eins gilt; die Sagrada Familia, sein unvollendetes Hauptwerk, gilt in ihrer heutigen Form freilich vielen als Hauptgreuel der Stadt.

Gaudí war ein streng katholischer Nationalist – was nicht verhinderte, dass seine Bauten einst von LSD schluckenden Hippies wieder in Mode gebracht wurden. Das gehört zur Ambiguität Barcelonas, das ein verstocktes Provinznest ist und zugleich eine unentwegt vor sich hin flackernde Kosmopolis. Man braucht nur einmal die Ramblas hinauf- oder hinunterzuschlendern, um ungefähr alle Sprachen der Welt zu hören – darunter natürlich, wiewohl laut Statistik nur mehr aus jedem zehnten Mund, auch die landeseigene: das Katalanische. Dass Spanisch hier eine Fremdsprache sei, ist ein weit verbreiteter Irrtum. In Wirklichkeit spricht nur die Hälfte der katalanischen Bevölkerung von Haus aus Katalanisch, und allen Förderungsmaßnahmen zum Trotz wird sich das im Alltag erreichte Gleichgewicht schwerlich zu seinen Gunsten neigen. »Klassenzimmer gewonnen, Pausenhof verloren«, so lautet das betrübliche Fazit nach dreißig Jahren forcierter schulischer Immersion in die katalanische Sprache, die aber immerhin die Entstehung einer sprachlichen Zweiklassengesellschaft verhindert hat – einer nur des Spanischen mächtigen und einer beide Sprachen beherrschenden (und genüsslich zwischen ihnen abwechselnden) Schicht.

Die Weltsprache Spanisch ist natürlich auch ein Wirtschafts- und Kulturfaktor. Ihn der Hege des vermeintlich Ureigenen zum Opfer zu bringen, wäre schlicht ein Unsinn (abgesehen von gewissen Abstrichen an den Wohlklang). Diese Zweischneidigkeit ihrer Sprache noch nicht erkannt haben bloß die engstirnigen Nationalisten – ihrer aber sind, und darum wirkt Barcelona bisweilen so kleinkariert und ein bisschen meschugge, weiterhin viele.

Barcelona fasziniert, weil man spürt, dass die Stadt sich fortwährend selbst erneuert. Für die Olympischen Spiele 1992 hatte sie sich zum Meer hin geöffnet: Strandferien in der Millionenstadt sind seither keine Illusion mehr. Derselbe Bürgermeister, der die damals nur scheinbar abgeschlossene Transformation geleitet hatte – der Sozialist und nachmalige katalanische Präsident Pasqual Maragall –, schüttelte vor seiner Amtsübergabe das nächste internationale Großereignis aus dem Ärmel, das zugleich den Stadtumbau vorantreiben und dem Namen Barcelona zu neuem internationalem Glanz verhelfen sollte: das sogenannte »Weltforum der Kulturen 2004«, das international ein Flop und lokalpolitisch ein Desaster wurde.

Die Öffnung der Diagonale bis ans Meer und der Versuch, dem von Industriefossilien, Klärwerken und Müllverbrennungsanlagen besetzten Nordostende der Stadt ein neues Gesicht zu geben, war aber auch eines der tollkühnsten urbanistischen Experimente Europas. An diesem einst unwirtlichen Küstenabschnitt ist ein spektakuläres Viertel entstanden, dessen Wahrzeichen das Edi-

ficio Fòrum der Schweizer Architekten Herzog &
de Meuron, Südeuropas größtes Kongresszentrum
und ein gigantisches Solarenergiesegel sind. Dass
einige Wohntürme eher mittelprächtig ausfielen
– andere hingegen sensationell –, gibt jenen Kriti-
kern recht, denen die Mischung von Spektakel und
Spekulation aufstößt. Immerhin hat man sich hier
nicht damit begnügt, ein Riesenrad (wie London)
oder Steinfassaden (wie Berlin) als Symbole des
21. Jahrhunderts auszugeben, sondern den Versuch
gewagt, die Schmuddelecke der Stadt mit avantgar-
distischen Lösungen im großen Stil zu gestalten –
mit einer über Autobahnen und Entsorgungsland-
schaften sich meerwärts schwingenden Esplanade,
die in neue Parks, Strände und einen weiteren Jachthafen mündet. La Mina, das am übelsten beleumde-
te Zigeunerviertel der Stadt, Ersatz für die einstigen
Slums am Strand, liegt direkt dahinter – gleichfalls
aufgefrischt.

Barcelona ist vornehm und aufbrausend, uralt
und sehr modern, weltoffen und ein bisschen hinter-
wäldlerisch (wie etwa auch Berlin, Paris und Tokio).
Seine Bewohner werden ebenso oft als verschlossen
wie leutselig geschildert; und es ist wohl auch beides wahr. Jedenfalls sind es keine Snobs, und die
Straße verheißt endlose Abwechslung, Blickfänge,
ein ewiges Palaver. All diese Widersprüche sind
vielleicht in jenem Begriffspaar enthalten, mit dem
die Katalanen ihren Charakter zu definieren ver-
suchen: *seny i rauxa*: Vernunft, aber bitte mit einem
Schuss Wahnsinn. Ein bisschen verrückt muss man
ja schon sein, um flüssige Ravioli, ecuadorianische
Rosen und Schäume aus Rauch zu verspeisen. Aber
es bedurfte auch einer Menge Vernunft dazu, diese
Stadt so kompakt und formvollendet vor der hal-

luzinogenen Perfektion des Meereshorizontes auf-
zubauen.

CALAMARES A LA RUMANA. Spanien hat zwischen 1998
und 2008 an die fünf Millionen Einwanderer aufgenommen. Und gerade das Land, das Europas
massivste Migrationswelle erlebt hat, scheint diese
leichthändiger zu meistern als diesbezüglich erfah-
renere Nationen. In einer Stadt wie Barcelona, die
ethnisch buchstäblich neu aufgemischt wurde, lassen sich über die Gründe dafür zumindest Vermu-
tungen anstellen.

Um 1990 kam es im Stadtteil Sant Andreu zu be-
fremdlichen Protesten. Ein Kontingent papierloser
Immigranten, die in den Kerkern der Jefatura de
Policía ihrer Abschiebung harrten, war aus Platz-
gründen auf ein Revier in dem genannten peripheren Viertel verlegt worden. Damals betrug Spaniens
ausländischer Bevölkerungsanteil knapp ein Prozent.
Umso bizarrer erschien, dass eine selbst mehrheitlich
aus südspanischen Einwanderern bestehende Bevölkerung ihren Unmut darüber bekundete, eine Schar
Afrikaner auch nur auf Zeit – und hinter Gittern! – in
ihrer Umgebung dulden zu sollen.

Heute liegt der Ausländeranteil in Sant Andreu
bei knapp fünfzehn, in einigen Teilen des Bezirks
bei fünfunddreißig Prozent.

Eine erste Feststellung: Das an Einwohnern mit
der Schweiz vergleichbare, flächenmäßig etwas
kleinere Katalonien hat binnen zehn Jahren etwa
eine Million neue Einwanderer aufgenommen. Sie
stammen zu achtzig Prozent aus nicht westeuropäischen Ländern und sind relativ gleichmäßig über
das Territorium verteilt. Die Bevölkerung des Bal-
lungsraums Barcelona wird nun auf annähernd fünf

Millionen beziffert, während diejenige Spaniens, die lange die Vierzig-Millionen-Grenze nie zu erreichen schien, durch die Immigration auf sechsundvierzig Millionen geschnellt ist.

Hätte jemand dagegen protestieren wollen, er wäre stets zu spät gekommen. Irregulären Aufenthaltern droht erst seit den mit einzelnen Auswandererländern getroffenen Vereinbarungen wieder die Abschiebung. Zum Schlüsselbegriff wurden vielmehr die »Regularisierungen«, bei denen unter verschiedenen Regierungen jeweils Hunderttausende, die sich nachweislich schon eine gewisse Zeit in Spanien aufhielten, mit Papieren versorgt wurden. Um diesen Nachweis zu erbringen, genügte laut einer urbanen Legende fallweise eine abgestempelte Metro-Mehrfahrtenkarte: so unersättlich verlangte die jährlich um fast vier Prozent wachsende spanische Wirtschaft nach Arbeitskräften. Während die Arbeitslosenquote von über vierundzwanzig Prozent (1994) auf acht Prozent (2005) sank, nahm die Zahl der Arbeitsplätze von zwölf auf zwanzigeinhalb Millionen zu. 2009 näherte sich der Arbeitslosenanteil freilich erneut der Zwanzig-Prozent-Marke.

Die spanische Bürokratie war dem Ansturm bei den vier »außerordentlichen Regularisierungen« natürlich nicht gewachsen. Ganze Völkerschaften lagerten – zuletzt 2005 – jeweils nächtelang um die betreffenden Dienststellen, um tags darauf vor Schalterschluss das plastifizierte Kärtchen zu ergattern, das dem Inhaber zumindest einen Schattenplatz in der spanischen Gesellschaft garantiert. Dass ein Schattenplatz im mediterranen Klima aber durchaus als Privileg empfunden werden kann, hatten sie beim Schlangestehen in der brütenden Sonne erfahren …

Spaniens Statistiken, die noch 2007 über siebenhunderttausend Neuankömmlinge verzeichneten, sind insofern verlässlich, als der Eintrag ins Einwohnerregister hier unabhängig vom Aufenthaltsstatus erfolgt und keine rechtlichen Pflichten nach sich zieht, dafür etwa den Zugang zur medizinischen Grundversorgung erleichtert. Dass auf einer spanischen Notfallstation jemand mangels Versicherungsschutz abgewiesen wird, wäre freilich so oder so undenkbar.

Zweite Feststellung: Nordischem Korrektheitsbeziehungsweise Stursinn mag eine Mentalität verdächtig sein, die zwar ihren Vorurteilen oft ebenso leichtherzig Luft macht, wie sie leichterdings in Herzlichkeit umschlagen kann, wenn der anfängliche Argwohn der Neugier weicht, was der Nächste treibt: nenne man's Tratschsucht oder Einfühlsamkeit. Ein einziges Bild dafür genüge: das der alten Anwohnerin im Barrio Sant Pere, die es sich in der Abendfrische auf ihrem Klappstuhl vor dem Kleiderladen von Yong Mei bequem macht, um mit der jungen chinesischen Geschäftsfrau ein Schwätzchen zu halten, genauso wie sie es mit deren katalanischer Vorgängerin zu tun pflegte – nebenbei ein kleiner individueller Beitrag zur Verhinderung der Gettobildung. Gerade die chinesische Gemeinde – in Barcelona leben heute mindestens fünfzigtausend mehrheitlich aus der Provinz Zhejiang stammende Immigranten – steht ja im Ruf, sich in undurchsichtigen Sippschaften abzuschotten.

Und etwas unheimlich wirkte es schon, wie rasch sie um 1990 den Textilgroßhandel in einem zentralen Stadtteil an sich riss, in dem es heute kaum mehr einen nicht chinesisch geführten Betrieb gibt. Als Wohnbevölkerung ballt sie sich nun auch in den Vorstädten Santa Coloma und Badalona, wo zudem die industrielle Fertigung von Raubkopien fest in ihrer Hand ist. Doch es sind keineswegs nur illegale Geschäfte, die die Chinesen zur Einwanderergruppe mit dem höchsten Anteil an selbständig Erwerbenden werden ließen. Kaum war der Markt an Chinarestaurants gesättigt, trugen sie zur wundersamen Vermehrung japanischer Lokale bei, um alsbald reihenweise auch alteingesessene, garantiert designfreie spanische Kiezkneipen zu übernehmen, ohne an der Speisekarte ein Jota zu ändern. Allenfalls verwandeln sich dabei die *calamares a la romana* in *calamares a la rumana* – vielleicht eine unwillkürliche Hommage an Spaniens achthunderttausend rumänische Immigranten.

Einen harmlosen Spaß glaubten sich ihrerseits Spaniens Basketballer zu machen, als sie vor den Olympischen Spielen in Peking auf einem Gruppenbild mit zu Schlitzen verzogenen Augen posierten. Täppisch zwar, aber gewiss nicht bös gemeint, wurde der clin d'œil an die chinesischen Gastgeber von diesen denn auch nicht als Kränkung, allenfalls als etwas befremdliche Anbiederung empfunden. Für die britischen Medien hingegen schien damit der Beweis erbracht, Rassismus werde in Spanien staatlich sanktioniert. Selbst die *New York Times* stimmte in das Gezeter über die treuherzige Geste ein und forderte eine offizielle Entschuldigung – als gelte es, die einstige Kolonialmacht durch eine neue »Schwarze Legende« in Verruf zu bringen.

Die Rassismuskeule zielte in diesem Fall daneben. Seit den pogromartigen Ausbrüchen in El Ejido im Frühjahr 2000 ist es in Spanien nur mehr vereinzelt zu Hassverbrechen gekommen. Im Plastikmeer der Treibhauskulturen bei Almería hatten sich damals neureiche Rohlinge zur Hatz auf die von ihnen ausgebeuteten Marokkaner zusammengerottet: Exorzisten der Misere, der sie selbst entkommen waren. Denn niemand hätte ihnen ihre eigene geistige Armut krasser vor Augen führen können als diese Elendsgestalten, die unter Lebensgefahr die Meerenge von Gibraltar überquert hatten und nun hier in ihrem Müll vegetierten, während jene den Eselskarren aus dem Gedächtnis verdrängten, den sie erst unlängst gegen eine Limousine eingetauscht hatten.

Die Küstenwache und spanisch-marokkanische Abkommen haben die Menschenschlepperei im Mittelmeer, bei der Tausende ihr Leben ließen, inzwischen weitgehend unterbunden. Sie verlagerte sich an Afrikas Westküste. Zunächst von Senegal, dann von Mauretanien aus erreichten die mit ihrer Menschenfracht überladenen Kutter die Kanarischen Inseln – oder auch nicht. Die glücklichen Wenigen, die die Überfahrt überlebt und schließlich das spanische Festland erreicht haben, lassen Passanten in der Altstadt von Barcelona mitunter das Blut stocken, wenn sie in kleinen Gruppen um Ecken huschen, wohl eine Kontaktadresse anpeilend, jeder das Bündel mit seinen Habseligkeiten geschultert – dasselbe rasch zusammenzuraffende Tuch vielleicht, auf dem sie später Louis-Vuitton- und DVD-Raubkopien feilhalten.

Natürlich ist die Situation der Schwarzen nicht immer so beklemmend wie eben geschildert; und der in Spanien gebräuchliche Begriff *subsaharianos* ist, so verächtlich er klingen mag, bloß pedantisch. Rassistisch motivierte Fehden scheinen sich selbst in Dörfern, in denen Schwarzafrikaner nun ein Viertel der Einwohnerschaft ausmachen, selten zu entspinnen. Zweifellos gehorcht das ungewohnte agrarische Zusammenleben anderen, einfacheren Regeln als jenen, nach denen das Völkergemisch der Großstadt funktioniert.

Die Mehrheit der Spanier hat die Einwanderung bisher so gelassen hingenommen, wie man im Frühling den Sommer erwartet: als den natürlichen Lauf der Dinge – keine Naturkatastrophe, mochte sie in gewissem Sinn auch wie eine »Heimsuchung« über Spanien kommen: Über ein Drittel der Immigranten stammt aus Lateinamerika. Bis um 1975 selbst ein klassisches Auswandererland, schien Spanien auf seine neue Rolle nicht vorbereitet. Oder sollte sich, wenn nicht seine koloniale Vergangenheit, so die noch nicht weit zurückliegende Erfahrung, aus wirtschaftlicher oder politischer Not in die Fremde zu ziehen, dem kollektiven Unbewussten in Form einer besonderen Toleranz eingeprägt haben? Eine gar fromme Vermutung. Mehr dazu beigetragen haben dürfte die numerisch weit beträchtlichere Binnenmigration. Um 1600 lebten ungefähr sechs der sieben Millionen Spanier im kastilischen Kernland und in Andalusien. Erst mit Kataloniens Industrialisierung verschoben sich die Verhältnisse. Durch die Zuwanderung aus der spanischen Provinz zu Westeuropas bevölkerungsreichsten Ballungsräumen nach London und Paris geworden, wirkten Barcelona, später auch Madrid, ohne deren ethnische Vielfalt bis vor Kurzem dennoch eher provinziell. Beide Städte schienen nur darauf zu warten, neue, fremdartigere Gesichter aufzunehmen.

Es sollten binnen eines Jahrzehnts je annähernd eine Million werden. Dabei handelt es sich offenbar nicht um eine wirtschaftliche Manövriermasse, sondern um den Ausdruck globaler Ungleichgewichte.

Das Ende der Spekulationsexzesse der spanischen Bauwirtschaft machte umgehend Zehntausende von ihnen arbeitslos, aber selbst die schwere Rezession als Bewährungsprobe für seine bisher bewiesene Integrationsfähigkeit scheint Spanien – bislang – zu bestehen. Noch kaum abzuschätzen ist hingegen, inwiefern es dem Land gelingen wird, das Gefühl der Ausgrenzung zu vermeiden, durch das die zweite Generation in manchen Einwanderernationen problematischer als die ihrer Väter erscheint. Denn sie wird – mit Klassenanteilen von bis zu neunzig Prozent – hier eben erst eingeschult.

Schon um 1970 lag etwa in der Schweiz der Ausländeranteil höher als bei Spaniens derzeit zwölf Prozent. Doch wie anders – nämlich fast gar nicht – traten die je nach Konjunkturlage wieder abzuschiebenden »Fremdarbeiter« oder »Saisonniers« in Erscheinung! Werktags schickten sie, vom Baugerüst herab, den vorbeispazierenden Fräuleins für unser Empfinden allzu dreiste Komplimente nach, um am Sonntag, in steif gebügelten Anzügen vor dem Bahnhof herumlungernd, ihre Würde herauszustreichen – und zugleich die Tatsache, dass sie hier nichts verloren und wenig zu gewinnen hatten. Selbst aus schweizerischer Sicht dürfte es heute mysteriös anmuten, wie diese brave, homogene, zu neunzig Prozent aus Italien und Spanien stammende Arbeiterschaft damals den Begriff – und das Gefühl! – der »Überfremdung« hervorrufen konnte, das sich in der »Asylantenfrage« alsbald noch zuspitzen ließ.

Hier drängen sich einige Überlegungen dazu auf, weshalb deutschsprachige Länder trotz ihres notorisch hohen Ausländeranteils so überaus deutsch geblieben sind. Als Ausländer gelten Einwanderer ja nur so lange, bis sie eingebürgert sind. Das in einigen Schweizer Gemeinden übliche Prozedere, die Stimmbürgerschaft darüber abstimmen zu lassen, wer ihr als Miteidgenosse genehm sei, hat gerade in Spanien Abscheu erregt. Wie in Frankreich gilt hier das Jus soli, das jedem im Land Geborenen automatisch die Staatsbürgerschaft zusichert. Daneben und zugleich praktiziert Spanien eine Art Jus sanguinis, indem es Lateinamerikaner, die sich als Abkömmlinge ausgewanderter Spanier ausweisen können, ohne Weiteres in den Besitz eines spanischen Passes kommen lässt – ohne sie deswegen wie Deutschland zur Aufgabe ihrer ersten Nationalität zu zwingen.

Eine noch deutlichere Sprache spricht freilich die Straße selbst. In der Schweiz mochten sich um 1970 eine halbe Million Italiener aufhalten. Italienisch essen zu gehen aber hieß für uns damals, in den Luftschutzkeller eines Geschäftshauses hinabzusteigen, wo sich etwa die »Associazione Lavoratori di Lecce« eingerichtet hatte. Und nun vergleiche man diese unter das Berner Pflaster verdrängte Gastarbeiterwelt mit den Straßen Barcelonas und ihren nicht zu zählenden, von Immigranten aus hundert Ländern geführten Betrieben aller Art, hinter denen jeweils der Wille eines Fremdlings steht, sich auf eine Weise zu verwirklichen, die er sich in der damaligen Schweiz nicht im Traum hätte einfallen lassen, und der dort meist noch heute zu viele Hindernisse im Wege stünden.

Schon im 16. Jahrhundert soll in Barcelona jeder fünfte Gewerbetreibende französischer Herkunft gewesen sein. Zur Essenz der Stadt wurden eingewanderte Industriearbeiter dann schubweise ab 1800. Erst stammten sie aus dem katalanischen Umland. In der Franco-Zeit verdoppelte sich die Bevölkerung vor allem durch andalusische Immigranten. Einer von ihnen repräsentiert heute als Präsident der »Generalitat de Catalunya« diese demografische Ambiguität, die wie das Gemisch aus rationaler Planung und bourgeoiser Extravaganz, anarchischer Gewalt und exquisiter Verruchtheit zum genetischen Code der Stadt gehört. Doch so wie sich die damit scheinbar unvereinbare Verhätschelung der katalanischen Identität unter dieses Image legte, so verwob sich, seit der Ausrichtung der Olympischen Spiele 1992, in die obsessive Beschäftigung mit dem eigenen Stadtkörper ein gezieltes Stadtmarketing, das Barcelona praktisch aus dem Nichts unter Europas touristische Topdestinationen katapultierte.

Bemerkenswerterweise wurde Barcelonas Selbstbild dadurch heftiger erschüttert als durch die Immigration. Der intellektuelle Diskurs, in dem es seine Entwicklung bedenkt, stimmt insofern mit dem Empfinden der meisten Einwohner überein, als diese im Tourismus zunehmend eine zerstörerische, außer Kontrolle geratene Maschinerie sehen. Auf den Ramblas stammt nur noch jeder fünfte Passant aus dem Land selbst. Barcelonesen meiden heute ihre Flaniermeile. Das Problem sind im Grunde wohl weder die nigerianischen Huren noch die pakistanischen Bierverkäufer oder die chinesischen Masseure, die nachts um drei auf der leeren McDonald's-Terrasse ihre Dienste anbieten, und auch nicht die marokkanischen Taschendiebe, sondern deren Kundschaft: die trägen, homogenen Touristenmassen – homogen trotz der mexikanischen Sombreros, die ihnen ein libanesischer Souvenirhändler angedreht hat, und träge um die drögen »lebenden Statuen« geschart, die den Niedergang dieser einst so lebensprallen Straße am fotogensten repräsentieren.

Verlasse ich mein Haus, so könnte ich zunächst meinen, in einer Stadt zu leben, in der sich überhaupt nur noch globale Bonvivants, finnische Professoren, brasilianische Poeten, ukrainische Triphop-Musikerinnen, koreanische Models und chilenische Architektinnen tummeln. Nicht zu vergessen die aus Casablanca, Manila, Mar del Plata oder Toulouse stammenden Kellnerinnen, die eine zuvor unbekannte Liebenswürdigkeit in den Alltag gebracht haben. Dennoch erscheint mir der gentrifizierte Born, wie dieser Teil der Altstadt heißt, geradezu fad, sobald ich die Calle Princesa überschreite. Die Gassen nördlich davon haben ein karibisches Gepräge, in dem von der noch unlängst maghrebinischen Dominanz zumindest Einsprengsel bleiben. Nirgendwo aber ist das Völkergemisch überwältigender als in Barcelonas Einwandererviertel par excellence, dem Raval. Vom Liceu über die Biblioteca de Catalunya bis zum Macba liegen sieben oder acht der bedeutendsten Kulturstätten der Stadt wie Inseln zwischen den Enfiladen fast durchweg von Immigranten geführter Kleinbetriebe: unwahrscheinlich vieler Coiffeur- und Schönheitssalons, bis spät in die Nacht geöffneter Supermärkte und unzähliger *locutorios*, jener Art öffentlicher Wohnstuben mit Internetanschluss, die auf Deutsch Call-Shops heißen.

Ohne die Einwanderungspolitik des Landes zu idealisieren, lässt sich doch – dritte Feststellung – behaupten: Spanien gewährt seinen Immigranten beim Versuch, ihr Leben neu zu gestalten, mehr Spielraum als anderswo in Europa üblich. Seien es auch oft nur Gemüsehändler, hat man hier begriffen, dass sie gerade als solche unentbehrlich sind – Gemüsehändler wie andere auch, während in Deutschland und anderen Ländern die Integra-

tion ja eben deshalb missglückt, weil man den Gemüsehändler nicht als solchen, sondern als Türken
wahrnimmt. Eine Freizügigkeit, die zugleich deren
gnadenloseste Ausbeutung gestattet und dadurch
an die Art erinnert, in der einst der amerikanische
Kontinent seine Neuankömmlinge aufnahm. Dabei
verliert aber auch die leidige Frage, wie viel Anpas-
sungsdruck für eine geglückte Integration nötig ist
beziehungsweise welchen Grad an kultureller Di-
vergenz eine Gesellschaft erträgt, an Schärfe.

Das schließt nicht aus, dass schon morgen ein
Bombenanschlag in der Metro solche Illusionen zu-
nichte machen könnte. Die aus einem der ominöses-
ten Winkel der Welt stammenden und gleichwohl
so friedfertig wirkenden Pakistani, die sich nur in
London noch zahlreicher als in Barcelona niederge-
lassen haben, werden vom Staatsschutz vermutlich
argwöhnischer beobachtet als vom gemeinen Volk,
dem sie allenfalls als Bier- und Rosenverkäufer auf
die Nerven gehen. Mehr Aversionen wecken im
Alltag die Nordafrikaner: allerdings nicht, weil sie
generell unter Terrorismusverdacht stünden, sondern einer tiefer in der Geschichte wurzelnden Abneigung gegen die *moros* wegen und weil sie – es
ist nicht zu leugnen – oft als Kleinkriminelle lästig
fallen. Freilich stammen die laut Erhebungen der
Sozialdienste über tausend obdachlos durch Barcelona streunenden Minderjährigen mehrheitlich aus
Marokko.

Für eine andere Problemgruppe hat die Stadt
ungewohnte Lösungen gesucht. Die *Latin Kings* und
die *Ñetas* sind zwei in amerikanischen Großstädten
seit Jahrzehnten berüchtigte Straßengangs. Ihre Ri-
valität hinterließ, kaum hatten sich ihre spanischen
Ableger formiert, auch in Madrid und Barcelona ers-

te Mordopfer. Während Madrid die Banden durch harte juristische und polizeiliche Maßnahmen aus der Welt zu schaffen trachtet, setzt Barcelona auf den Dialog. So naiv dieser Integrierungsversuch auch anmutet, bei ihren ersten Begegnungen unter amtlicher Aufsicht zeigten sich die Anführer der beiden Gangs einer friedlichen Koexistenz nicht abgeneigt. Werden sie demnächst wie andere Folklorevereine auch städtische Subventionen beziehen?

Überraschen mag im ersten Moment, dass unter den Herkunftsländern der heute in der Stadt gemeldeten Ausländer gleich nach Ecuador und noch vor Marokko Italien fungiert: Zumindest einen Teil von ihnen darf man zweifellos als Berlusconi-Flüchtlinge betrachten.

Die Zähmung Barcelonas

Der wundersame Aufstieg der katalanischen Metropole zu einer Lieblingsdestination des Kulturtourismus

Manche Besucher werden in Barcelona augenblicklich krank. Kaum angekommen, fühlen sie sich schon ermattet, werden unleidlich, klagen über Appetitlosigkeit, verbunden mit leicht erhöhter Temperatur. Das Phänomen wird natürlich geheim gehalten und ist unseres Wissens auch statistisch noch nie erfasst worden. Was ich so ungeschminkt ausspreche, beruht allein auf Beobachtung.

Andere werden schnell einmal krank nach Barcelona. Die Ursache ist vermutlich in beiden Fällen dieselbe. Vielleicht spielt die Luft eine Rolle – Meeresbrisen, durchweht von Modergerüchen, die vermisst, wer wegfährt. Oder das Geknatter der Motorräder, die in Pulks davonstieben, kurz bevor Europas ohnehin hastigste Ampeln auf Grün schalten: Das kostet Nerven, es sei denn, man lässt sich davon in eine urbane Ekstase versetzen, als wäre der Asphalt selbst ein Aufputschmittel. Ein Ungestüm fast wie in einer Drittweltmetropole, nur dass man sich hier, wie es schon aus den Namen großer Straßen wie Parallel und Diagonal hervorgeht, in einer der bestgeordneten, am vernünftigsten angelegten Städte Europas befindet: *La ben plantada*, laut ihrer Selbsteinschätzung. Daher auch spürt man in Barcelona die Energie des ganzen Stadtkörpers in jedem seiner Teile. Aber diese Ereignisdichte – mag auch das Ereignis mitunter bloß die Form von zwei schönen Beinen haben – ist anstrengend, besonders für Besucher, die aus weniger kompakten Städten kommen. Paris, in dieser Hinsicht mit Barcelona vergleichbar, ist musealer und daher vielleicht verträglicher. Zwischen Montparnasse und Montmartre atmen die Steine eine reichere Geschichte, aber an urbaner Theatralik kann es die ungefähr gleich lange Strecke vom Strand der Barceloneta bis an die Ecke Mitre / Muntaner ohne Weiteres damit aufnehmen.

Nun fällt es freilich niemandem ein, zwecks Sightseeing an die Kreuzung der Straßen Mitre und Muntaner hinaufzuspazieren. Was gibt es für Touristen, und seien es Bildungsreisende, dort oben schon zu sehen außer dem Phänomen der Dichte selbst, ausgebildet – dies wohl – in stattlichen Gebäuden, aber eben auch mit reichlich Lärm und Abgasen verbunden? Freilich, sie würden entgolten mit dem Blick hinunter durch die bolzengerade Straßenschlucht, über ihr Blätterdach und die Altstadt hinweg aufs Meer. Fantastisch ist das schon; aber es ist natürlich nicht von Gaudí und wird daher vom örtlichen Fremdenverkehrsbüro auch nicht eigens propagiert.

Benidorm oder Paris? Der Tourismus, wer würde es bestreiten, ist eine Landplage. Insofern ist es zu begrüßen, wenn er geballt auftritt und Länder, Küsten, Städte nicht weitflächig zerstört. Spaniens genialster Beitrag zur Bewältigung solcher Massen ist Benidorm, das Manhattan des Mittelmeers, Europas Stadt mit den meisten Übernachtungen. Begreiflicherweise wären sich die meisten Leser zu fein dafür, ihre Ferien an einem so vulgären Ort zu verbringen. Ökologisch setzen sie sich damit allerdings ins Unrecht. Nicht dreißiggeschossige Bettenburgen verheeren das Land, sondern die wuchernden Haufendörfer und Mittelstandsgettos, in die sich angebliche Naturliebhaber so gern zurückziehen – zu Hause wie im Urlaub. Begnügten sie sich mit einem Hochhausapartment, so käme das nebenbei sogar ihrer Gesundheit zugute: Man hat ausgerechnet, dass Feriengäste in Benidorm durchschnittlich vierzehn Kilometer täglich zu Fuß zurücklegen – sie sind ja mitten in der Stadt, und da gibt es immer was zu sehen. Und weil sie dabei ununterbrochen zum Konsumieren angehalten werden, ist es auch wirtschaftlich ein wenn nicht vernünftiges, so doch rentables Modell.

Was das mit Barcelona zu tun hat? Für Europas sechstgrößte Wirtschaftsregion kann das ausschließlich auf »Sea, Sex & Sun« spezialisierte Benidorm – wobei noch vor dem Sex der Suff zu nennen wäre – kein Vorbild sein. Aber gemein haben sie doch die Dichte, die Ereignisfülle als Verführungsgrundlage. Außerdem gibt es, wie mit den Menschenmassen an der Küste, in den Kulturstädten zunehmend Verteilungsprobleme. Denn auch die Kulturtouristen sind längst Masse.

Barcelona zählt noch nicht lange zum Kreis jener Städte, an die ein aufgeweckter Europäer denkt, wenn er, während er sich die Zigarette danach ansteckt, zu seiner Geliebten sagt: »Und wenn wir dieses Wochenende irgendwohin fahren würden?« Worauf sie erwidert: »Meine Freundinnen schwärmen schon die längste Zeit von Barcelona.« Und er: »Genau! Da kam ich doch 1974 auf dem Weg nach Ibiza vorbei. Diese lausige Absteige damals, das kannst du dir gar nicht vorstellen …«

Und dann kriegen sie kein Zimmer. Barcelona mit seinen achtzigtausend Gästebetten (Pensionen und Privatunterkünfte mitgerechnet; aber unser Paar sucht jetzt eher im Viersternbereich: von lausig zu lauschig) – wies noch 2007 eine Zimmerauslastung von siebenundsiebzig Prozent auf, trotz der Verdreifachung des Angebots binnen fünfzehn Jahren.

Angenommen, unser exemplarisches Paar findet doch eine passable Unterkunft, so stehen nun zwei gleichermaßen absurde Musts auf seinem Programm: erstens die Sagrada Familia, zweitens eine rauschende Nacht in Barcelonas fabelhaften Designerbars. – Ich weiß nicht, wie vielen Gästen ich als Bewohner dieser Stadt schon freundschaftlich vom Besuch des berühmten Gaudí-Bauwerks abgeraten habe – vergeblich. Es ist wie ein Zwang: Sie müssen die Sagrada Familia gesehen haben, auch wenn man ihnen schwört, dass es in der Stadt reihenweise interessantere Bauten Gaudís gibt. Man kann ihnen die Schrecknisse des ohne Sinn und Verstand betriebenen Weiterbaus schildern und die Belanglosigkeit des, bei aller Liebe zum Trivialen, doch sehr öden Stadtteils, in dem der Tempel steht – sie lassen sich nicht von einem Besuch abhalten. Es grenzt an Magie, in welchem Maß sich dieses Bauwerk, das selbst die Fremdenverkehrswerbung kaum mehr als Wahrzeichen der Stadt auszuschlachten sich traut, dennoch als solches durchgesetzt hat. Fast niemand verirrt sich hingegen in das knapp fünf Gehminuten von der Sagrada Familia entfernte Hospital Sant Pau, das gleichfalls zum UNESCO-Welterbe gehört und von der Stadt in ihren *Modernisme*-Prospekten auch gebührlich gewürdigt wird. Aber vielleicht ist es gut so: dass die Haufenbildung – und die beruht ja immer auf Irrtümern – dafür andere Orte unbehelligt lässt.

Auf einem Irrtum beruht auch der ungebrochene

Drang der Kulturtouristen, in Barcelona mindestens einmal stilvoll zu versumpfen. Stil hatten die achtziger Jahre, und zwar genauso bei der Gestaltung von Außenräumen wie von Interieurs. Man betrank sich damals tatsächlich nur, um allwöchentlich die Kargheit der neuesten Theke zu bewundern. Um 1990 kam der ironische Plüsch hinzu, später die eine und andere Retrowelle und nebenbei erfuhr man, dass sich der Begriff Designerbar einstweilen von Aberdeen bis Zürich verbreitet und entsprechend verzimperlicht hatte. Man stellte jedoch auch fest, dass im eigenen Viertel – der Ribera, heute El Born genannt – die letzten alten Kaschemmen mit ihren Dominospielern possierlichen Boutiquen, die originelle Lampenschirme und derlei feilbieten, zu weichen begannen. Vor Jahren schon konnte man denn auch im *Wallpaper* lesen, der Born sei der »ultimative« Stadtteil von Barcelona.

Die Ribera ist trotzdem immer noch bewohnbar. Schlimmer ist es den Ramblas ergangen. Wir haben die schmerzliche Pflicht, das Hinscheiden der letzten Flaniermeile Europas, die diesen Namen verdiente, kundzutun. Sie ist der Zertrampelung erlegen. Die Krankheit, die ihr seit dem olympischen Sommer 1992 mehr und mehr zusetzte, steckte prallschenklig in Bermudas und T-Shirts mit aufgedruckten Botschaften, die gerade nicht »Absence is the highest form of presence« lauteten. Vor lauter Gegenwart ging die strotzende Vielfalt dieser Straße allmählich ein. Die Todesbescheinigung stellte die Stadtverwaltung aus, als sie die seit unvordenklichen Zeiten den oberen Abschluss der Ramblas bildenden Stuhlreihen entfernen und durch einige lächerliche Einzelsitze ersetzen ließ. Angeblich hatten sich viele Touristen durch den gleichfalls uniformierten (nämlich mit Goldknöpfen und einer prächtigen Mütze ausgestatteten) Kassier belästigt gefühlt, der für diese Logenplätze auf das Schauspiel der Stadt pflichtbewusst die bescheidene Summe von fünfzig Peseten – dreißig Cent – einforderte, dies jedoch vermutlich nicht auf Deutsch auszudrücken vermochte. Jedenfalls machte nach Ansicht des verantwortlichen Chefbeamten das Ganze – gibt es doch in Buxtehude nichts dergleichen – einen geradezu drittweltlichen Eindruck.

In Wirklichkeit ist diese Räumungsaktion das Eingeständnis, dass das gebotene Spektakel nicht nur keinen Eintrittspreis, sondern überhaupt nicht mehr der Betrachtung wert ist. Dafür breiteten nun Abend für Abend Dutzende fliegender Händler ihre Ramschware aus und verwandelten die Ramblas in einen Bazar, wenn auch wiederum nicht zur Freude der Stadtverantwortlichen, so doch zum Ergötzen der Touristen. Sie konnten sich so fast wie in Benidorm fühlen.

Barcelonas Altstadtbewohner trauten ihren Augen nicht, als sie im Sommer 1999 ein mit »Moon Express« angeschriebenes und mit Touristen beladenes Bähnchen erblickten, das durch ihre Gassen ratterte, als lebten sie in einem Erlebnispark. Die Zähmung Barcelonas ist eine Selbstzähmung. Inzwischen haben die für diesen Aberwitz Verantwortlichen ein Einsehen gehabt, und die Mauern des Barri Gòtic, obwohl sie selbst teils nur ein geschickt gefügtes Disneyland avant la lettre sind, haben ihre Würde wiedererlangt.

Als eine nachgerade unentbehrliche Einrichtung erscheint dagegen der Bus Turístic, der jährlich zwei Millionen Passagiere befördert. Wenn man sie so, vom Fahrtwind zerzaust, auf dem offenen Dach der

Doppeldeckerbusse durch die Stadt kreuzen sieht, könnte man fast neidisch werden. À propos Kreuzen und à propos zwei Millionen: Inzwischen legen Jahr für Jahr genauso viele Kreuzfahrtpassagiere in Barcelona an, das somit zu Europas erster Cruising-Destination geworden ist.

Wir könnten dennoch nicht behaupten, je einem dieser modernen Kreuzfahrer begegnet zu sein. Ihre schwimmenden Städte liegen da draußen an der Reede, am alten Rompeolas – manchmal fünf oder sechs in einer Reihe. Vielleicht hat die Dame vom Fremdenverkehrsbüro recht, die behauptete, Barcelona habe immer den Ruf einer »langweiligen Geschäftsstadt« gehabt, bis man ihr Talent als Goldgrube des Kulturtourismus entdeckte. Gebt ihnen Gotik, gebt ihnen Gaudí, und nachmittags mit der Metro an den Strand. Wo könnte man sich besser von der wirklichen, tosenden, tausendfältigen Stadt heilen.

Aus Isaks Afghanmänteln

Ein Besuch im Designerzentrum des Modekonzerns
Mango

Man braucht für Spaniens Modetradition nicht die
Halskrause Philipps II. zu bemühen. Die Namen
Fortuny und Balenciaga zum Beispiel sind in den
edelsten Sphären der Modegeschichte angesiedelt.
Ihren großen Erfolg aber machten beide natürlich
im Ausland. So wie es heute noch einen Custo Barcelona – den international kultigsten katalanischen
Couturier – auf Laufstege fern der Heimat drängt,
zumal Barcelonas Fashion Week sich nach jahrelan-
ger Rangelei mit der Madrider Konkurrenz selbst
abgeschafft hat und auch Europas wichtigste, in
und für Berlin ausgeheckte Trendshow Bread &
Butter nach drei Jahren am Mittelmeer in den Norden zurückgekehrt ist.

Im fernen atlantischen Galicien ist indessen das
Unternehmen Inditex mit seiner Marke Zara zum
weltgrößten Konfektionär aufgestiegen, noch vor
The Gap und H&M. Sein Gründer Amancio Ortega,
der bis vor einigen Jahren jegliche Werbung für hin-
ausgeworfenes Geld hielt, ist heute Spaniens reichs-
ter Mann – und gibt sich, anders als seine Marke,
weiterhin medienscheu. Dasselbe gilt kurioserwei-
se für Isak Andic, der 1985 in Barcelona seine erste
Boutique namens Mango eröffnete. Heute ist er Herr
über ein Modeimperium, das über tausend Läden
in neunzig Ländern umfasst; und jede Woche kommen zwei neue hinzu. Kein schlechter Erfolg für ein

Migrantenkind, das seine Karriere laut einem seiner seltenen Selbstbekenntnisse als Vierzehnjähriger mit dem Verkauf von Hippie-T-Shirts und Afghanmänteln lanciert hatte: 1968, kurz nachdem Andics Familie aus Istanbul nach Barcelona ausgewandert war – zurückgewandert in gewissem Sinne, sind die Andic doch sephardische Juden, deren Ahnen fast ein halbes Jahrtausend zuvor aus Spanien vertrieben worden waren.

Anders als Zara, bedient Mango ausschließlich eine weibliche Kundschaft. Mit drei bis vier Monaten vom Entwurf bis zur Auslieferung produzieren die Katalanen zwar langsamer als die Galicier. Deren Erfolgsrezept, alle zwei Wochen neue Ware in die Auslagen zu bringen und ihren Kunden das »Wühlerlebnis« zu bieten, strebt Mango laut seinem Geschäftsführer, Señor Casi, gar nicht nach. Doch wird die Produktion natürlich gleichfalls fortlaufend auf die täglich übermittelten Verkaufszahlen jeder einzelnen Filiale abgestimmt. Casi sieht die Mango-Kundin als trendbewusste Frau, irgendwo zwischen dreizehn und fünfzig, gute Mittelschicht. Ihren gehobenen Ansprüchen kommt Mango mit seinen Limited Editions entgegen, deren erste von Milla Jovovich, die zweite von Penélope Cruz »stammt«. Eine weitere, auf den arabischen Markt zugeschnitten und in Dubai von Lizzy Jagger präsentiert, entwarf der libanesische Designer Zuhair Murad. Produziert wird überwiegend in China, Marokko und Osteuropa (von der katalanischen Textilindustrie, einst der Wirtschaftsmotor des Landes, bleiben nur Rudimente, die in chinesische Hand übergegangen sind). Ein Großteil der jährlich über einhundert Millionen Kleidungsstücke gelangt gleichwohl durch das Nadelöhr Barcelona in die auf alle Kontinente verteilten Abnehmerländer. Die Sortieranlagen bewältigen stündlich dreißigtausend Artikel (das soll ihnen mal ein Zeitungsredakteur nachmachen). Einen vergnüglichen Anblick bietet vor allem die hängende (das heißt nicht in Kisten gepresste) Ware, wenn sie, wie von Geisterhand gesteuert, in dem buchstäblich in tausend Zweigstellen endenden Verteilungsnetz unfehlbar auf diejenige zuschwebt, für die sie bestimmt ist: Als läge sie damit schon auf den Regalen in Almaty (Kasachstan) oder Tegucigalpa (Honduras) aus. Inzwischen wurde in Hongkong ein zweites Vertriebszentrum für die asiatischen Länder eröffnet. Erweitert wurde aber auch der Hauptsitz im barcelonesischen Vorort Palau-solità. Mit dem neuen »Hangar« ist er nun angeblich Europas größtes Designzentrum der Branche, das tausendsechshundertfünfzig Mitarbeiter aus vierunddreißig Ländern beschäftigt, Durchschnittsalter: fünfundzwanzig. Beidseits des breiten Mittelgangs erhält man Einblicke in die hallenartigen Abteilungen für Entwurf, für Zuschnitt und Konfektion der Prototypen und für das Ladendesign. Man durchschreitet die Ausstellung der aktuellen Kollektion und das 1:1-Modell eines Shops, das je nach Bestimmungsort starke Abwandlungen erfahren kann: Nicht überall wird die kühle Eleganz der für Barcelona typischen Filialen geschätzt. Seit seinem Urgeschäft am Paseo de Gracia hält Mango auf gute Adressen, zunehmend auch Flughäfen. Am Santa Monica Boulevard in Los Angeles erfolgte die Expansion in den als fremdartiger als manch exotisches Land eingeschätzten US-Markt. Der größte Mango-Laden überhaupt steht an Londons Oxford Street – dort darf auch gewühlt werden, während an der Regent Street auf »exquisite Bedienung« geachtet wird. Nur vier von zehn Filialen werden von Mango selbst geführt, der Rest sind Franchisebetriebe. Unlängst hat der Konzern eine weitere, acht Fußballfelder große Halle an einem Autobahnkreuz bei Barcelona gekauft: Das erklärte Ziel sind mindestens dreitausend über den Erdball verstreute Mango-Läden.

Schöner trinken

Lokal-Genies: Die Innenarchitektinnen Sandra Tarruella & Isabel López

Wirtshäuser von altem Schrot und Korn – im Schaukasten die Tortilla und die Blutwurst – sind in Barcelona schon fast eine Rarität; und stößt man auf eines, ist die Wirtin wahrscheinlich eine Chinesin. Kaum irgendwo ist, was man »Designerschuppen« nennt, heute so dicht gesät. Nur selten aber haben sie den radikalen Chic der Trink- und Tanzhallen, die vor zwanzig Jahren den Circuit stilbewusster Nachtschwärmer bildeten. »ZigZag, Universal, KGB … und im Morgengrauen das Geflicker des Otto Zutz oder der Betongarten des Distrito«, blickt die Designerin Isabel López, damals noch Studentin, zurück. Wir sind uns einig: So lakonische Intérieurs, die Nachtseite von Barcelonas urbanem Aufbruch, gab es um 1985 weder in Paris noch in New York.

Als aber das frisch gegründete Studio Tarruella & López 1993 das Strandrestaurant Agua entwarf, konnte längst jeder katalanische und bald auch jeder Tiroler Dorfbewohner an einer irgendwie cool gestylten Theke lümmeln. Barcelona hingegen hatte der Kargheit schon um 1990 entsagt. Neobarocke Anwandlungen und die Niedlichkeiten des Designers Mariscal stimmten auf die Olympiade 1992 ein, vermeintliches Highlight der Stadtgeschichte: in Wirklichkeit eher das Jahr, in dem die Stadt – auch wirtschaftlich erschöpft – ihre Wunder leckte. Man hatte nicht mehr alle drei Tage eine neue

Bar zu begutachten. Es brach die Zeit der »themati-
schen« Lokale an: »Gestempelte Jutesäcke als Echt-
heitssigel für Kaffeehausketten.« Firlefanzimporte
wie das Fashion Café, fügt Isabel López nicht ohne
Genugtuung hinzu, hätten hier freilich alsbald Plei-
te gemacht.

Vielleicht ist es ja wirklich die als *botiguer* belä-
chelte katalanische Krämerseele, welche die (vergli-
chen etwa mit dem heute ganz »in Ketten gelegten«
London) enorme, auch statistisch belegbare Vielfalt
von Barcelonas Einzelhandel am Leben hält. Ironi-
scherweise wurde aber eine Kette, der Grupo Tragaluz, zum wichtigsten Auftraggeber von Tarruella &
López. Und es war ein Londoner Szenelokal, David
Chipperfields Wagamama, das den ersten von López als wirklich geglückt erachteten Entwurf des
Teams beeinflusste: El Japonés mit seinen flirren-
den Metallgitterwänden und breiten Holztischen,
an denen wildfremde Citoyens für die Länge einer
Mahlzeit zusammenkommen. Der informelle Japaner war so erfolgreich, dass der Grupo Tragaluz den
Entwerferinnen hinfort freie Hand ließ. Anders als
bei Ketten üblich, ist den mittlerweile über zehn
Lokalen (zu denen etliche für andere Auftraggeber
hinzukommen) nur eines gemein: Sie sind in sich
stimmig, eben weil – und nicht nur wie – für ihre
jeweilige Umgebung geschaffen. Guter Standard ist
gut, Gespür für den Ort besser. Denn wohlgestalt ist
Barcelonas Stadtgewebe bis in die Bordsteine seiner Trottoirs; selten aber wird der moderne Stilwil-
le mit dem Respekt für das Vorhandene so perfekt
ausbalanciert, dass schier zeitlose Orte entstehen.
Das schöne alte Schild der Waffenhandlung Schilling am Carrer Ferran, über den prächtigen schwarz
umrahmten Fenstern, weist heute auf das gleichna-

mige Café hin; das Café Schilling aber hat die Noblesse eines klassischen Kaffeehauses, eben weil es jene nicht durch Retrokitsch zu erlangen versuchte. In einem ganz anderen urbanen Kontext nuanciert das Café Berlin an der Ecke Muntaner/Diagonal das großstädtische Timbre dieser Kreuzung. Im Strandrestaurant Bestial hingegen wird die minimalistische Eleganz bis zur Theatralik gesteigert. Der Außenraum, ziseliert wie ein Flecken Japan, findet in der streng geometrischen Topografie des Intérieurs seinen Widerpart. Ganz von der Affinität zur gegebenen Nachbarschaft geprägt sind die Cuines de Santa Caterina in der gleichnamigen Markthalle von Enric Miralles. Die mächtige Wand aus Holzgestellen mag rein dekorativ – und warum nicht? – auf den Warenumschlagplatz verweisen; ihr gegenüber nimmt man an der Theke vor der offenen Küche Platz, die schematisch das Variété nebeneinanderliegender Marktstände spiegelt.

Ihr Fingerspitzengefühl im Umgang mit Materialien beiseite (auch und gerade in den wenigen von ihnen projektierten Ladengeschäften), sei hier eine Qualität zumindest noch angedeutet, durch die sich die Entwürfe von Tarruella & López vom guten Standard abheben. Wie klein oder groß der Raum auch sei, ob auf mehrere Ebenen verteilt oder seine Tiefe nützend: Stets bietet er sich als Sequenz ineinanderfließender Sphären dar. So lädt die Lobby des Hotels Omm, von den Fläzsofas auf der lichten Straßenseite über den Halbschatten der Barzone bis zu den in der Helligkeit des Innenhofs weiß gleißenden Tischen des Luxusrestaurants Moo, so kontinuierlich zum Verweilen ein, dass manch einer schon unverrichteter Dinge von dannen zog: verunsichert darüber, wo er nun eigentlich hinpasst. Das Spa im

Dachgeschoss ist noch ein Balanceakt, in dem ein banausischer Spötter bloß die Brise Zen erkennen würde, die wie die Börsenkrise nun mal zur modernen Existenz gehört. Isabel López spricht gern über dieses Projekt, weil das Studio hier erstmals Gelegenheit hatte, auch das Hotelzimmer »neu zu erfinden«: als Raumsequenz, in der vor allem das Bad dorthin verlegt wurde, wo es hingehört, nämlich nach außen, ans Tageslicht (denn selbst tonnenweise an die Wände gekleckerter Marmor kann 99,9 Prozent aller Hotelgäste nicht über das Lüftungsgebrumm hinwegtrösten, das sie, wenn sie den Lichtschalter einmal gefunden haben, im Badezimmer empfängt). Tarruella & López sind derzeit, nachdem sie bereits das Grand Hotel Central in Barcelona und den Umbau einer Masía bei Girona realisiert haben, mit weiteren Projekten beschäftigt, in denen man mehr als nur einen Drink oder eine Mahlzeit lang ihre Raumsequenzen ausloten kann.

Trottoirexpertisen

Unser aller Vaudeville, dargeboten vom Urban-
Anthropologen Manuel Delgado

Ist's ein geheimbündlerisches Treffen, zu dem das
schöne Jungvolk in das scheinbar verlassene Gemäuer oberhalb der Plaça Lesseps strömt? So dicht ist das
Gedränge in dem ehemaligen Bordellchen, dass der
Zeremonienmeister, als er mit einem Stapel Kassetten
unterm Arm hereinrauscht, selbst keinen Platz mehr
findet und sich kurzerhand auf den Boden vor der
Leinwand wirft. Es handelt sich um Professor Delgado, Inhaber des Lehrstuhls für Sozialanthropologie
der Universität Barcelona, der hier sein monatliches
Filmprogramm präsentiert: »La Reina de África«. Seine Kommentare, aus dem Dschungel der Beine ge-
sendet, werden fortlaufend mit Gelächter quittiert.
An diesem Ordinarius ist ein Vaudeville-Künstler
verlorengegangen. Und vielleicht kommt man ihm
eben mit diesem Begriff am nächsten, in dem das urbane Hin und Her mitschwingt, dessen verborgene
Zusammenhänge er als Wissenschaftler aufzudecken
versucht – Vaudeville, das als filmgeschichtliches Va-
rieté seine Studenten in die »Reina de África« lockt.

Heute ist es wieder mit einigen »ganz schön dubi-
osen Trouvaillen« gespickt. Für einen franquistischen
Propagandafilm über die exquisite Behandlung in
Kriegsgefangenschaft geratener Brigadisten entschä-
digt eine lange Sequenz aus Mikhail Kalatozovs »Soy
Cuba«. Auf ein Highlight aus »Dirty Harry« folgt ein
Wochenschaustreifen aus demselben Jahr 1971, in

dem sich – »unser aktueller Liebesfilm« – zwei Besucher in Barcelonas neuem Kongresszentrum näherkommen. Und weil ein Finale nie genug ist, bittet Delgado nach der Traumhaus-Explosion aus »Zabriskie Point« noch kurz um Aufmerksamkeit für einen, den viele im Publikum kaum dem Namen nach kennen. Close-up auf Jacques Brel, bis »das rührendste aller Chansons mit den vernichtendsten aller Schlussverse« endet: Ne nous quittez pas, Delgado!

An Tarde und Simmel geschult, anknüpfend an Goffmans Mikrosoziologie, hat sich dieser Anthropologe als Autor von annähernd zwanzig Büchern ausgewiesen (Titelbeispiele: »Das öffentliche Tier«, »Lob des Passanten«, »Straße, Fest, Revolte«). Mehr noch aber erscheint er, gemäß den Theorien von G.H. Mead, als der leibhaftige Interaktionist: sprühender Kommunikator mit der seltenen Gabe, sein Gegenüber (eher als sich selbst) für voll zu nehmen.

Und noch eine Rolle kommt ihm als zentraler Figur dieser kleinen Porträtreihe zu. 1956 in Barcelona geboren, hat Delgado zu dessen städtischer Entwicklung stets leidenschaftlich Stellung bezogen. Wenn, so unterscheidet sich Barcelona von anderen Städten eben durch seine urbanistische Kultur – seinen so anhaltenden wie ansteckenden Selbstverbesserungselan. Fünf Millionen Trottoirexperten können sich nicht irren. Und doch musste selbst ein »serial observer« wie Delgado zuweilen bekennen, dass die von ihm beargwöhnten Urbanisten recht behielten: so etwa im Fall der in ihrer Kühnheit lange unbegriffenen Plaça del Fòrum oder der Rambla del Raval. Deren mit einer Abrissorgie verbundene Entstehung hatte er nicht als Einziger als monströs empfunden. Heute bestaunt er sie als »Gegenbild zum touristischen Trampelpfad der Ramblas«, als große Promenade eines mehrheitlich von Immigranten bewohnten Altstadtviertels.

Delgado ist nun einmal der Widerspruchsgeist in Person; und die Widersprüche, in die er sich bei seiner radikalen Verteidigung unverplanter »Nicht-Orte« selbst verwickelt hat, spiegeln auch die Sackgassen, in die das international renommierte »Modell Barcelona« geraten ist, das zunehmend »nur noch toleriert, was Profit verspricht«. Nie freilich werde sich die letzte Ritze schließen lassen, durch welche die gesellschaftliche Realität eindringe; schon gar nicht in einem Stadtraum, der binnen zehn Jahren fast eine Million Immigranten aus aller Welt aufgenommen hat – wundersamerweise fast konfliktfrei. Delgado nennt seine mitunter rabiaten Anfechtungen (das Wort Wut fällt mehr als einmal) dennoch sein persönliches »Gegenmittel, um vor der Realität nicht einfach zu verzagen«.

Genau dadurch taugt er, der uns schon den Varietékünstler und den Urbanisten ersetzt, als Repräsentant einer weiteren für Barcelona typischen Spezies: die seiner ewigen Nörgler, die ihre Stadt so sehr lieben, dass diese in ihren Augen zwangsläufig immer alles falsch macht. Hemmungsloser denn je, so Delgado beim Gespräch in seinem Büro, liefere Barcelona sich heute jenen Kräften aus, die »die Merkantilisierung aller menschlichen Erfahrungen« betrieben. Doch als wir abends um acht aus dem Universitätsneubau auf die Altstadtgasse treten und an der Plaça dels Angels einen Wein trinken, scheint Barcelona vor Lust an sich selbst zu platzen. All die ratternden Skateboarder und tratschenden Philippinerinnen, das ganze Maulaffen feilhaltende oder hin und her wimmelnde Volk: auch und gerade ein Delgado hat da nichts zu meckern.

Barcelona ist nie zu Ende

Der Plan Cerdà – und wie das alte Industrieviertel
Poblenou in den Technologie- und Medienbezirk 22@
verwandelt wird

Ich lese alles, auch Etiketten. Als ich nach Barcelona
zog, entging mir folglich nicht, auf wie vielen Pro-
dukten des täglichen Bedarfs der Name der Stadt
– oder der Provinz – als Herstellungsort genannt
wird. Auf der Zahnpastatube und im Buchimpres-
sum, auf Keksen, Schnäpsen und allen denkbaren
Requisiten die Silben Bar-ce-lo-na zu lesen, intensi-
vierte vermutlich meine frische Heimatliebe. Es ließ
auf Stärke und Autarkie schließen, dass all diese
Dinge hier hergestellt wurden. Manche gar nicht
weit von meiner Wohnung, in jenem Viertel, das auf
Spanisch Pueblo Nuevo und auf Katalanisch Poblenou heißt: Neuer Ort – fast so lakonisch wie die
Straßennamen Diagonal, Parallel und Meridiana.

Das war vor fünfundzwanzig Jahren. Unge-
schlacht, zerfahren, alt sah das Pueblo Nuevo damals aus, von krassen baulichen Gegensätzen ge-
zeichnet. Wer wie ich der gebauten Manierlichkeit
und normierten Häuslichkeit des Schweizer Mittel-
lands entstammt, dem mussten diese Asphaltstre-
cken, dreieinhalb Kilometer dem Meer entlang und
einen Kilometer landeinwärts, als Inbild städtischer
Verwilderung und Verheißung urbanen Nomaden-
tums erscheinen. In seiner Vertracktheit barg jedes
Häusergeviert unendliche Eventualitäten: ein Netz
von Zeichen, und wer sie zu entschlüsseln vermöch-

te, dem wäre es gegeben, die große Stadt als Totalität aller möglichen Erfahrungen zu lesen. Das Disparate aber, wiewohl ihm keine Grenzen gesetzt schienen, löste sich immer wieder in Harmonien auf, die mich noch einmal beglückten.

Wie jedermann weiß, der Barcelona ein wenig kennt, ist die von dem Urbanisten Ildefonso Cerdà geplante Stadterweiterung das zentrale Ordnungsfeld, das nach 1860 die Altstadt mit den umliegenden Siedlungen – Gràcia, Sants, Sant Andreu, Poblenou – verband und heute den Kern eines metropolitanen Raumes bildet, der zwei Drittel der katalanischen Bevölkerung aufnimmt. Der 1389 vollendete dritte Mauerring war nach dem Spanischen Erbfolgekrieg – 1714 –, in dem Katalonien für die Kontinuität der Habsburger-Dynastie gekämpft hatte, von den siegreichen Bourbonen zu einem gegen Barcelona selbst gerichteten Befestigungsgürtel ausgebaut worden. Im Süden erhob sich bedrohlich das Castillo de Montjuïc über der Stadt, im Norden wurde sie durch die enorme Bastion unter Kontrolle gehalten, an die im heutigen Parc de la Ciutadella nur mehr der Name erinnert.

Seltsamerweise zelebriert Katalonien – am aus anderen Gründen ominös gewordenen 11. September – die Erinnerung an die 1714 erlittene Niederlage und die anschließende Demütigung heute als seinen Nationalfeiertag. Was das über den katalanischen Charakter aussagt, und ob darauf vielleicht der Begriff *victimismo* zutrifft, mit dem katalanische Wehleidigkeiten in Spanien oft leichthin abgetan werden, ist für diesen Band ein zu komplexes Thema.

Die Jahrzehnte nach dem Ende der Habsburger-Herrschaft gehörten zu den betrüblichsten der Stadtgeschichte; doch folgte ihnen schon ab 1750 eine neue, durch den Kolonialhandel angetriebene wirtschaftliche Blüte. Mitte des 19. Jahrhunderts hatte sich Barcelona als Spaniens erste Industriestadt etabliert. Lange mit Klöstern und Gärten locker bebaut, war der Raval südwestlich der Ramblas zu einem der höchstverdichteten Stadträume der Welt geworden. Hunderte von Fabrikschloten ragten zwischen den notdürftig in die Höhe gewachsenen Behausungen des Proletariats empor: Die Stadt drohte an sich selbst zu ersticken. Erst 1854 bewilligte die Madrider Zentralmacht den Abriss der Mauern; fünf Jahre später wurde der Stadterweiterungsplan des Ingenieurs Cerdà angenommen. Wer sich nicht mit den von der Tourismusbranche bevorzugten Wahrzeichen begnügt, für den ist der von ihm ausgeheckte Raster das eigentliche Merkmal und Symbol, das Barcelona auszeichnet. Ein Symbol, das urbanes Leben aufnimmt und generiert, indem es den Zufallsgeometrien anderer Städte eine Gliederung entgegensetzt, die auf nie zuvor mit solcher Akkuratesse vorgenommenen Studien betreffend die Zirkulation, die Hygiene und so weiter beruht.

Dieser Raster konnte mit ganz unterschiedlichen Bauformen gefüllt werden. Seine grandiose Ausprägung fand er in der Eixample genannten neuen Stadtmitte – eine katalanische Bezeichnung, in der das Exemplarische mitzuklingen scheint, die aber eigentlich nur Erweiterung (spanisch *ensanche*) meint. Die Hierarchisierung der Achsen vermeidend, ist sie ein Musterbeispiel der Stadt als geordnetes und repräsentatives Gebilde. Axialität – als römisches Erbe – kennzeichnete indessen schon lange zuvor gerade spanische Kolonialstädte. Buenos Aires zählt leicht das Zehnfache der etwa siebenhundert Blöcke, die der Plan des Ingenieurs Cerdà umfasst. Und wie soll dessen Werk gegen das seines Zeitgenossen Haussmann aufgewogen werden, der in Paris freilich nicht auf jungfräulichem Terrain wirkte, sondern seine Schneisen in eine schon gebaute Stadt schlug?

Haussmann verriet in Paris das Prinzip der égalité, das hingegen Cerdà – eben unter dem Einfluss der französischen Revolution – konsequenter als irgendjemand vor ihm auf die Stadtplanung anwandte, indem er den Willen zur Repräsentativität auf das Territorium selbst übertrug. Kaum jemand weiß, dass der Begriff »Urbanismus« von Cerdà stammt; seine mehrtausendseitige, 1867 abgeschlossene, nie in eine andere Sprache übersetzte »Teoría General de la Urbanización« ist das unbekannte Meisterwerk des Städtebaus.

Zu den Merkwürdigkeiten von Cerdàs Plan gehört es, dass er sich auf Geheiß der Madrider Zentralregierung gegen Stadtgrundrisse durchsetzte, die den Prachtentfaltungsbegierden der katalanischen Bourgeoisie eher entgegengekommen wären. Deren bevorzugte Baukünstler – Gaudí, Puig i Cadafalch, Domènech i Montaner, Jujol und andere – hatten ihre Bauten einige Jahrzehnte später widerwillig in eine rationalistische Struktur zu fügen, deren Stringenz freilich auch auf ganz anderen Kriterien beruhte als den militärischen, die damals vermutlich für die Madrider Regenten ausschlaggebend waren.

Cerdàs Plan wurde verwirklicht, aber natürlich kam alles ganz anders. Der Cerdà'sche Block, hundertdreizehn mal hundertdreizehn Meter messend, wurde auf ein Mehrfaches der ursprünglich vorgesehenen Nutzung verdichtet. Statt aus zwei- bis dreigeschossigen Häusern, wobei sich der Blockrand auf zwei der vier Seiten auf einen Park in seiner Mitte öffnen sollte, besteht der Eixample heute aus sechs- oder siebenstöckigen, wenn nicht auf zehn und mehr Geschosse aufgestockten Gebäuden, deren gnadenlos zugebaute Höfe nun nach und nach wieder freigelegt und öffentlich zugänglich gemacht werden – ein erfreuliches Kapitel im barcelonesischen Urbanismus der Gegenwart.

Gerade weil seiner Nutzung schier keine Grenzen gesetzt sind, erweist sich der Cerdà'sche Block, genauso wie seine ebenso präzis kalkulierte *intravía* – der Straßenraum –, auch hundertfünfzig Jahre später als überaus tauglich. Wir können hier nicht auf Cerdàs Gründe für die gekappten Ecken eingehen, die seine Blöcke eher als Oktogone denn als Quadrate erscheinen lassen. Über zwanzig Meter messend, rhythmisieren diese *chaflanes* oder – katalanisch – *xamfràs* die Flanerien wie die Gehetztheiten barcelonesischer Passanten und verleiten sie zu diagonalen Abkürzungen. *Chaflán*-Wohnungen sind nicht nur der Blickfelder wegen, die sie eröffnen, privilegiert, sondern weil sie Barcelonas Architekten seit jeher zu merkwürdigen Formgebungen herausgefordert haben. Gaudís »Pedrera« ist das berühmteste Beispiel, aber unter den circa dreitausend geometrisch identischen Ecken finden sich selbstverständlich unzählige wunderliche und wundervolle Lösungen.

Die Bourgeoisie, die sich mittels der Weltausstellungen 1888 und 1929 international in Szene setzte und aufplusterte, schuf damit zwei bis heute bedeutende, von Cerdà so nicht vorgesehene Achsen: die Ciutadella-Umgebung und das Messegelände zwischen der Plaça de Espanya und Montjuïc. Gleichzeitig baute sie den Eixample-Raster zu einem in der Form zwangsläufig einheitlichen, im Detail tumultuösen Stadtraum aus. Zur Finanzierung dieser Großtaten dienten ihr die Profite, welche die mittlerweile den nordöstlichen Teil des Cerdà-Grundrisses überziehenden Fabriken abwarfen. Am ganzen Mittelmeer gab es kein zweites Industrieviertel dieser Dimensionen.

Als Cerdàs Theorie in die Praxis umgesetzt wurde – freigegeben zur Überbauung das weitläufige agrarische Territorium, über das er sein Regelwerk gelegt hatte –, existierte das Viertel Poblenou bereits in Form zweier einander schneidender Achsen. Die eine, ans Meeresufer führend, hat ihren Charakter als alter Dorfkern bis heute nicht eingebüßt, ergänzt durch eine parallel verlaufende Flaniermeile, die Rambla del Poblenou: liebliche, wundersam touristenfreie Zweitausgabe der berühmten Ramblas. Die andere ist der Carrer Pere IV, sprich Perecuart, leicht abgewinkelt zum Cerdà-Raster. Vielleicht ist es diese geometrische Querulanz, die ihm einen Hauch von Ewigkeit verleiht, der sich aber auch bloß dem permanent darüberlagernden Staubschleier verdanken könnte. Heute rührt dieser Schleier eher von der Zertrümmerung alter Mauern als von industrieller Aktivität. Die Pere IV entlangzugehen, bis hinaus zur Hausnummer 526, vermittelt den vollkommensten Querschnitt dessen, was das Poblenou war, was es ist und was es sein wird.

DAS GEWERBE, DAS GEWEBE UND DER ELAN, DIE STADT ZU ERNEUERN. Irgendwo dort draußen muss sich jene Arbeitersiedlung befinden, der Eva Perón, die argentinische Freundin aller Hablosen, in den fünfziger Jahren einen Besuch abstattete. Seither heißt das *barrio* ihr zu Ehren im Volksmund, von keinem

Stadtplan verzeichnet, »La Perona«. Die Anekdote erzählte mir der argentinische Künstler Carlos Piegari, der monatelang die Archive durchforscht und die Fundstücke zu einer umfänglichen Arbeit über die Sozialgeschichte des Poblenou kompiliert hat. Seine Mappen präsentierte der Kurator und nachmalige Documenta-Leiter Roger Buergel anlässlich einer Ausstellung, die er – auch die Kunst wird vom Nomadentrieb erfasst – an drei verschiedenen Schauplätzen im Poblenou ausrichtete. Der letzte Teil wurde in der berüchtigten Elendszone La Mina gezeigt, in einem Gemeindesaal, den einst der Stararchitekt Enric Miralles umgebaut hat. Derlei Verbindungen von Misere und Avantgarde mögen als schiere Pittoreske erscheinen, doch illustrieren sie im Grunde, was immer schon die Essenz des Pueblo Nuevo war. Bei der Vernissage bot eine lokale Rentnergruppe ein surreales Karaoke-Programm dar. Ein wunderbarer Abend! Allerdings sei, berichtete Piegari, schon am nächsten Tag ein Teil der ausgestellten Kunstwerke von der Gettojugend mutwillig zerstört worden.

Jedenfalls schrieben Künstler, in das nach 1970 sich auflösende Sozialgefüge des Viertels sich mischend, die ersten Kapitel seiner jüngsten Geschichte. Einer Historie, in der es wimmelt von Fabrikherren, die bald Fortüne machten, bald die Flucht ergreifen mussten vor ihren rebellierenden Arbeitern, welche ihrerseits eines Morgens vor der Ruine ihrer Arbeitsstätte standen – vorsätzlich abgebrannt wegen dürftiger Ertragslage. Lange Zeit aber schöpfte die Stadt ihren Reichtum zu einem guten Teil aus dem Poblenou. Um 1900 ratterten hier, über den Raster verteilt, dreihundertsechzig Dampfmaschinen. Nach der Textilindustrie wurde die Metallurgie zum wichtigsten Industriezweig. Noch 1975 waren über tausend derartige Unternehmen registriert, auch wenn nun das Überhandnehmen von Transportfirmen schon den produktiven Niedergang andeutete. Im Poblenou wurden Schreibmaschinen, Möbel, Markenartikel aller Art hergestellt, Seife, Papier, Lebens- und Arzneimittel, bis 1936 auch die famose Luxuskarosse Hispano-Suiza – die Aufzählung nähme kein Ende. Zu der Warenwelt kommen deren Bestandteile hinzu, bis hin zu jeder Sorte Gummidichtungen. Allmählich hatte sich ein dichtes Netz sich gegenseitig alimentierender Zulieferer gebildet, und dieses Gewebe aus Kleinbetrieben und Werkstätten, unglaublich vielfältig, einmalig zweifellos, kennzeichnete das Viertel bis vor Kurzem, lange nach dem Niedergang der Großindustrie.

Nun, da Barcelona seine Rolle als harter Industriestandort ausgespielt hat, setzt gerade hier die Auseinandersetzung mit Cerdà neu ein. Ich zitiere Boris Groys, der dabei die Stadt des Films »Blade Runner« im Sinn hat, dessen Worte indessen auch wie eine Momentaufnahme aus der barcelonesischen Gegenwart anmuten: »Es ist die Stadt, in der alles ständig zur Sprengung und zur Verbrennung freigegeben wird, weil immer erneut versucht wird, für das Kommende, für das Zukünftige einen freien Platz zu schaffen – und immer wieder wird die Ankunft des Zukünftigen verhindert und verschoben, weil die Überreste des schon Gebauten sich nicht vollständig abtragen lassen und die laufende Vorbereitungsphase nie zum Abschluss kommen kann.«

Auf Cerdàs Plan ist der Schnittpunkt der drei wichtigsten Achsen Gran Vía, Diagonal und Meridiana klar als neues Zentrum ausgewiesen. Wie so manche andere Stadt entwickelte sich Barcelona, namentlich in seinen nobleren Teilen, indessen resolut westwärts. Die nordöstlich der Altstadt liegende Plaça de les Glòries blieb ein Verkehrsknotenpunkt, dessen charmantester Teil lange der Flohmarkt »Els Encants« blieb.

Im November 1975 starb der Diktator Franco. Die ersten demokratisch gewählten Stadtregierungen (sozialistisch dominiert, wie sie es bis heute sind) setzten umgehend Hunderte von Projekten in Gang, die zunächst den Unzulänglichkeiten des öffentlichen Raumes insbesondere in der Peripherie abzuhelfen versuchten, wo sich die Massen damals noch überwiegend südspanischer Einwanderer in hastig hochgezogenen Wohnscheiben ballten. Als »Modell Barcelona« hat sich diese urbanistische Mikrochirurgie alsbald auch über die Vorstädte verbreitet und weltweit Anerkennung gefunden.

Denn zugleich prägte Barcelona damit einen Stil. Im sozialen Anspruch bekundete sich ein kühler, anderswo unbekannter Formwille, der von den Straßenlampen über die Bushaltestellen bis zur Pflasterung der (immer breiter werdenden) Trottoirs allen postmodernen Firlefanz vermied. Die folgende Erneuerungsphase, im Hinblick auf die Olympischen Spiele 1992, hatte zwangsläufig einen anderen Maßstab. Neben den Sportanlagen auf Montjuïc und der Vollendung der Rondas – des meisterhaft in die Enge der Stadt gefügten zweiten Autobahnrings – war es die Vila Olímpica, mit der sich Barcelona dezidiert zum Meer öffnete. Das Olympische Dorf nimmt, wie man auf dem Stadtplan feststellt, nur eine bescheidene, wiewohl zentrumsnahe Parzelle im Fabrikviertel Poblenou ein. Mit der obsoleten, teils jedoch zweifellos wertvollen Industriearchitektur wurde Tabula rasa gemacht, bevor noch jemand den Mund öffnen konnte.

So wie der Architekt Oriol Bohigas, obwohl nur kurzfristig Chefurbanist, nicht bloß als einflussreichste Figur für die punktuellen Eingriffe der achtziger Jahre, sondern auch für die Planung der Vila Olímpica gelten kann, so lässt sich Josep Acebillo die Zündung der dritten Stufe des jüngeren barcelonesischen Urbanismus zuschreiben. Acebillo hatte erkannt, dass Barcelonas wirtschaftliche Zukunft in einem Dreieck liegt, das von der Plaça de les Glòries ausgehend einerseits das ganze Pueblo Nuevo umfasst, anderseits (in einer einst gleichfalls industriell oder von der Bahn genützten Schneise) über einen neuen, vorwiegend von Wohnbauten gesäumten Grüngürtel zum nun im Bau befindlichen zweiten Hauptbahnhof Sagrera führt, parallel zur Meridiana.

Weiter fortgeschritten als die Sagrera-Achse ist die Umwandlung des einstigen »Manchester am Mittelmeer« in Barcelonas künftigen – teils schon gegenwärtigen – Technologiedistrikt. Erste Voraussetzung dafür war die Vollendung der Diagonale bis ans Meer. Im Gegensatz zum zentralen Eixample hatte sich hier mancher Fabrikant oder Wohnungsspekulant dem rigorosen Cerdà-Raster gegenüber seine Freiheiten herausgenommen.

Der derzeitige Glòries-Kreisel wurde erst 1992 in Betrieb genommen. Er hat die großartige Eigenschaft, die Automobilisten wie über eine Schanze aus der Stadt hinaus- oder in sie hineinzukatapultieren. Dass der in der Mitte des »Tambours« angelegte Park bald schon zu einem von Immigranten betriebenen Flohmarkt mutierte, war von den Planern natürlich nicht vorgesehen gewesen. Parks

inmitten von Autobahnschlingen sind eine barcelonesische Spezialität (namentlich jener im Trinitat
genannten Autobahnkreuz, linguistisch das ideale
Pendant zu den Gloriès Catalanes; aber auch die
kilometerlangen Überdeckelungen, die den ersten
Schnellstraßenring, die Ronda del Mig, in wohlgestalte Ramblas verwandelt haben, sind eine urbanistische Meisterleistung). Nun wird der Platz erneut
vollständig umgebaut – diesmal als ebenerdiges
Rechteck, um die Acht-Kilometer-Flucht der Diagonale nicht zu unterbrechen.

Schon vor 2000 waren in der unmittelbaren Umgebung zwei die angestrebte neue Zentrumsfunk-
tion unterstreichende Bauten entstanden: das die
industrielle Umgebung kongenial replizierende,
roststählerne Auditorium von Rafael Moneo, daneben das in seiner griechischen Tempelform auf
immer abstruse Teatre Nacional de Catalunya von
Ricardo Bofill (aber man gewöhnt sich an alles; und
der in seiner Heimatstadt lange verpönte Architekt
hat inzwischen mit dem Terminal 1 des Flughafens
und dem Hotel Vela vor dem alten Hafen zwei noch
prominentere, dafür weniger etepetete anmutende
Bauwerke geschaffen). 2005 wurde am Platz selbst, in
damals noch fast durchweg verlotterter Umgebung
– hie ein Churro-Stand, da einige bewohnte Ziegel-
gemäuer – Jean Nouvels hundertvierundvierzig Meter hoher, phallisch-farbenfroher Turm für den Was-
serkonzern Agbar vollendet. Derselbe Stararchitekt
schuf hierauf den Parc Central del Poblenou, dem an
der Kreuzung Diagonal/Pere IV das hochelegante,
hundertzwanzig Meter hohe Huckepack-Hotel von
Dominique Perrault gegenübersteht. Dazwischen haben erstrangige lokale Architekten wie Carlos Ferrater, Fermín Vázquez und Enric Ruiz Geli mehrere

exquisite Großbauten für Technologiekonzerne und Hochschulen errichtet, während der Beitrag von David Chipperfield lediglich ein Abklatsch seiner »Ciutat de la Justicia« ist, mit der er am anderen Stadtende die katalanische Rechtspflege für annähernd eine Milliarde Euro zentralisiert hat. Die Freude darüber hält sich in den Grenzen der kerkerhaft schmalen, vertikalen Fensterreihen. Richtung Flughafen schließt sich Toyo Itos »Fira II« daran an, dank der sich Barcelona als Messeplatz unter Europas Spitzenquartett halten sollte.

DAS DELTA DER DIAGONALE. Ein Cluster neuer Hochhäuser prägt mittlerweile auch das meerseitige Ende der verlängerten Diagonale. Man muss sich an eine Entsorgungswüste heranzoomen, ein Klärwerk, ein Kraftwerk und eine Müllverbrennungsanlage vor Augen halten, die mit ihren Schloten, Rohren und uniformen Betonflächen der Küstenlinie an der nordöstlichen Stadtgrenze Barcelonas bislang ihr Gesicht verliehen. Sie tun es noch jetzt, denn die erste Entscheidung, die zu treffen war, galt eben der Frage: Kann und soll sich die Stadt solcher für sie lästiger, dennoch unentbehrlicher Schwerindustrien entledigen? Die Antwort lautete nein, und das Wagnis bestand darin, sie mit neuen Nutzungen zu kombinieren. Dieses als Parc del Fòrum bekannte, 2004 vollendete Werk hat einen der weitläufigsten Plätze der Welt hervorgebracht: eine über die Autobahn und das Klärwerk hinweg meerwärts sich schwingende Esplanade, die sich, beschattet von Solarenergie spendenden Pergolas, in Badeanlagen, Parks und Freilichtauditorien verzweigt, den neuen Jachthafen elegant überbrückt und schließlich – inmitten der Schwerindustrie-Anlagen nun schon als erstaunliches Idyll – den Río Besós erreicht, der seinerseits aus einer Kloake in eine zwischen abgesenkten Uferpromenaden plätschernde Flussmündung verwandelt wurde, in der heute nicht mehr nur chinesische Kinder baden. Warum die an dieser Ecke erbrachte urbanistische Leistung von einer sonst für ihre Stadtentwicklung aufmerksamen Bevölkerung so gründlich verkannt wurde, bleibt ein Rätsel.

Cerdà selbst hatte für dieses Stadtende – wie für Gloriès – keine klare Lösung gefunden; umso höher zu schätzen ist die nun geschaffene Anlage, unabhängig davon, wie man den in sie überleitenden, ein wenig an eine Sechziger-Jahre-Disco erinnernden, allerdings wesentlich feiner ausgearbeiteten und kostspieligeren Bau von Herzog & de Meuron beurteilt (dessen endgültige Nutzung weiterhin ungewiss ist). Weniger überhastet entstanden ist hingegen Südeuropas größtes Kongresszentrum von Josep Lluis Mateo sowohl stadt- wie strandseits Ausdruck der Ideen, die auch die Stadtplaner in diesem Viertel verfolgten: ein Klein-Manhattan, sind doch über hundert Meter hohe Bauten ökonomisch wie ökologisch im Grunde bloßer Bluff.

Nahebei, in der Überbauung Diagonal-Mar, gruppieren sich freistehende Wohnhochhäuser um den gleichnamigen Park von Enric Miralles, wie manch andere Projekte des früh verstorbenen Kometen am katalanischen Architekturhimmel von seiner Witwe Benedetta Tagliabue untadelig ausgeführt. Es gehört zu den Ironien der Stadtplanung, dass gerade dort, wo Investoreninteressen sich erstmals seit 1860 im Einverständnis mit den Stadtplanern über den Cerdà-Raster hinweg- und eine Barcelona fremde Morphologie durchsetzten, der *chaflán* noch einmal

– triumphal, überdimensional – seinen Auftritt hat: in den Hardcore-Fassaden der Architekten Clotet-Paricio, die das Ensemble meerseitig abschließen.

Die Karikatur des neuen Poblenou wären lauter gesichtslose Wohnbauten, artig gruppiert um einen stattlichen alten, im begrünten Patio sich reckenden Fabrikschornstein. Für eine solche rein dekorative Auffassung des Quartiercharakters und -gedächtnisses finden sich inzwischen zahlreiche Beispiele. »Meinen Schlot immerhin, den werden sie mir lassen!« Die Pförtnerin, der diese Aussicht tröstlich erschien, obwohl bei der künftigen Neubebauung zweifellos ein Kameraauge ihre Funktion übernehmen wird, hütet das Fabriktor von Can Rottier. Wie die meisten derartigen Ensembles ist auch dieses Fabrikgeviert zwar heute katalogisiert, aber bis auf einzelne Bauteile nicht denkmalgeschützt. Dass wertvolle Bauzeugnisse des Industriezeitalters bereits reihenweise demoliert worden sind, leugnen auch die Stadtplaner nicht.

Ende der neunziger Jahre sahen sich die Behörden durch den zunehmenden Spekulationsdruck zum Handeln gezwungen – und erfanden den »22@«. 22 war die alte Kennziffer für Industriezonen. Einst der Produktionsbezirk par excellence, trug das Poblenou mittlerweile gerade noch vier Prozent zu Barcelonas Bruttosozialprodukt bei. Zehn Jahre später sind es wieder fünfzehn Prozent – was den Planern recht zu geben scheint, die darauf setzten, dass die sonst so kompakte, längst fertiggebaute Stadt ihre Chancen als Standort für innovative, in den Bereichen Forschung, Technologie und Medien tätige Betriebe, ergänzt durch neue Hochschulen wie den Campus Audiovisual, hier und nur hier ausspielen konnte.

An die sechs Millionen Quadratmeter Nutzfläche waren und sind einer neuen Bestimmung zuzuführen. Hundertfünfzehn der circa hundertfünfzig Cerdà-Blöcke, aus denen der Bezirk besteht, wurden als 22@ ausgesondert. Sechs Achsen genießen die besondere Aufmerksamkeit der Stadtregierung, die sich hier freilich enger denn je mit privaten Interessen zu arrangieren hat. Ohne behördliches Zutun hatten sich hier längst Kreative aller Art – Einzelkämpfer, Design-, Architektur- und Filmstudios, Werbeagenturen – in alten, teils auch neuen Gebäuden angesiedelt. Die Künstler hingegen, die wie üblich als Erste die Brauchbarkeit der obsolet gewordenen Fabrikhallen für sich entdeckt hatten, sind heute wieder auf dem Rückzug.

»An sich zielt der 22@ in die richtige Richtung«, räumte 2005 der Historiker Joan Roca ein, einer der Wortführer des in Anwohnervereinigungen organisierten Widerstands gegen einige der etwa vierzig teils blockübergreifenden Projekte. Roca leitet inzwischen das Museu de la Història de la Ciutat. Festzuhalten ist: Die Ausnützung wird maßvoll erhöht. Neu gebaut werden dürfen neben Gewerbeflächen ausschließlich Sozialwohnungen, was auf dem hochgradig korrupten spanischen Immobilienmarkt schon fast revolutionär anmutet. Den großen Reibach machten und machen die Promoter außerhalb des Perimeters des 22@, an der Küste und entlang der Avenida Diagonal, wo sich auch die meisten Hochbauten konzentrieren. Interessant sind dabei nicht zuletzt die Neuinterpretationen des Cerdà'schen Blocks, der aufgebrochen, aber als Grundstruktur respektiert wird. Und wie seit Jahren wird man noch lange bei jedem Spaziergang durchs Poblenou staunend feststellen, wie viel sich in wie kurzer Zeit geändert hat. Wo heute, wohl wirklich zu verspielt, Jean Nouvels Parc Central liegt, breitete sich noch unlängst ein Ödland mit seinem obligaten Schornstein aus, über das ein absurderweise weiterhin Passatge del Marqués de Santa Isabel genannter Pfad zum Eingang von Can Ricart führte.

ZUM BEISPIEL DER MARQUÉES DE SANTA ISABEL. Die über vier Cerdà-Blöcke sich verschränkende Weberei Can Ricart wurde 1853 eröffnet. Das schmale Fabriktor öffnet sich auf einen von Bäumen beschatteten Platz: Entführung in eine Welt, die man für untergegangen hielt, und deren Wert, wie auch ihr Charme, offensichtlich in der Anlage als geschlossenem Ganzen liegen. Der Marqués de Santa Isabel, den es in wer weiß wievielter Generation noch heute gibt, möchte nun jedoch sein Grundeigentum profitträchtiger überbauen lassen. Die Fabrik stellte ihren Betrieb kurz nach dem Spanischen Bürgerkrieg ein. Wie in vielen ähnlichen Fällen verwaisten die Baulichkeiten indessen nicht, sondern wurden von kleineren Betrieben angemietet. Ihrer dreißig waren hier 2005 noch aktiv, von Kaltverformern von Stahlblechen bis zum exzentrischen englischen Möbelhersteller. Vom Abriss verschont bleiben sollte aber fast nur der »Hangar«, ein von der Stadt subventioniertes Atelierhaus, in das sechs spanische und sechs ausländische Künstler jeweils für ein Jahr als Stipendiaten geladen werden. Der Kampf um die möglichst vollständige Erhaltung von Can Ricart wuchs sich zu einer Art urbanistischem *No pasarán* aus – und die Unternehmer standen dabei mit den Arbeitnehmern in einer Front.

Man darf an Durruti denken. Der Quartiergeist regt sich, doch nur als ferner Schatten liegen darüber noch jene explosiven Stimmungslagen, die in Barcelona in jener Epoche nicht abrissen, als die Produktion einerseits auf Hochtouren lief, andererseits die sozialen Konflikte immer brutaler ausgetragen wurden: von der Semana Trágica 1909 bis zum Spanischen Bürgerkrieg. Serienweise Attentate, ebenso gezielt und erbarmungslos der Staatsterror. Zu den Hochburgen der anarchistischen Gewerkschaft CNT gehörte naturgemäß das Pueblo Nuevo. In einer Eisengießerei wurden, nachdem sie von einer revolutionären Gruppe übernommen worden war, nur mehr Handgranaten gefertigt. Arbeiterräte und Genossenschaftsbauten, Wandervereine wie Straßenkämpfe und ideologische Spaltungen – all dies ist teils noch ablesbar in den nach und nach verschwindenden Gemäuern des Poblenou.

Wer würde in Can Felipa – 1989 vorbildlich in ein Kultur- und Fitnesszentrum umgebaut – heute an Durruti denken, der zeitweilig in dieser Fabrik gearbeitet, und das heißt ihm zufolge: seine revolutionäre Schule absolviert hatte? Unweit davon, am Carrer Pujades, formierte sich am 18. Juli 1936, unmittelbar nach Francos Militärputsch, der Widerstand der CNT. Schon tags darauf ratterte die Durruti-Kolonne auf offenen Lastwagen die Rambla del Poblenou hinunter. Den Milizionären schlossen sich Arbeiter aus allen großen Betrieben an – Can Girona, Fabra y Coats, La Maquinista –, um nach Plünderung der Arsenale der Kaserne in San Andrés an die Aragonienfront aufzubrechen. Binnen vierundzwanzig Stunden war die faschistische Militärrevolte in Barcelona niedergeschlagen. Sie war es, mehr als durch die republikanische Regierung, durch Durruti und seine Syndikalisten, und in der Stadt brach der kurze Sommer der Anarchie an.

Als ich ein halbes Jahrhundert später das Pueblo Nuevo durchstreifte, hatte eine ganz andere Umbruchstimmung das Viertel erfasst. Noch dämmerte es zwar in weiten Teilen vor sich hin. An der Rambla kaufte man ein Eis beim Tío Che, hörte im knarrenden Saal des alten Ateneu ein Rezital von Marianne Faithfull und entdeckte die idyllische Plaça Prim mit ihren Ombús und dem Restaurant Els Pescadors, Enklave der Wohlhabenden im Proletenkiez. In den staubigen Gefilden zwischen dem Friedhof, dem Frauengefängnis Wad-Ras und der in Containerlandschaften am Meeresufer ausfransenden Calle Marina aber wich man zurück, wenn einen in der einsamen Mittagsglut plötzlich ein Rottweiler ankläffte. Hier verlief die älteste Eisenbahnlinie Spaniens, 1848 eingeweiht, 1990 aufgehoben, nachdem die Stadt ein Signal gesetzt hatte, indem sie dieses zentrumsnahe Niemandsland zum Olympischen Dorf für die Spiele von 1992 bestimmte. Jeder feierte die Öffnung zum Meer, und seither tummelt sich das Volk an den neuen Stränden, die von der guten alten Metrolinie 4 bedient werden. In der Begeisterung fragte – anders als heute – niemand danach, ob das industrielle Bauerbe einen so rüden Umgang verdient hatte. Das neue Wohnquartier strotzte von Vernunft, wenn auch nicht gerade von Leben.

Dieses nahm dafür im alten Viertel neue Formen an. Der griechische Künstler Kounellis stellte im Espai Poblenou ganze Rinderhälften aus, die alle paar Tage wegen des Gestanks ersetzt werden mussten, was von der örtlichen Bevölkerung als üble Verschwendung empfunden wurde. Als erster großer Nachtklub war das legendäre Zeleste in eine alte Fabrik am Carrer Almogàvers umgezogen – heute unter dem Namen Razzmatazz eine unter unzähligen Industriehallen, die im Morgengrauen ihre aufgewühlten Herden auf Cerdàs gerade einmal zwanzig Meter breite Chaussées entlassen. Ich erinnere mich an eine Party, circa 1988, in einem anderen, in seiner Kahlheit fantastisch anmutenden Industriegeviert: Palo Alto, in dessen Hauptgebäude damals der Designer Mariscal sein Studio eingerichtet hatte. Beim neuerlichen Besuch 2005 glaubte man sich hinter dem unscheinbaren Fabriktor in ein Märchenland versetzt. Ein Gärtner mit seiner Schubkarre stand wie eine Cézanne-Figur in der blühenden Pracht, die er selbst geschaffen hatte, und die sich über Wege und Mauern der einst wohl eher tristen Anlage rankt. Auf Liegestühlen in einem Winkel des Gartens vertrieben sich die Statisten eines Films, der in einer der Hallen gedreht wurde, die Zeit. Warum bestreiten, dass mir die Mitarbeiter all dieser Designerbüros und Modefirmen beneidenswert erschienen? Eine lichte Halle nahm das Modellbau-Atelier eines Architekturstudios auf, in dem man die Miniaturausgabe einer Metro-Station in Peking und das 1:1-Fassadenmodell einer für eine Vorstadt geplanten BMW-Verkaufshalle bewundern konnte. Im obersten Geschoss strich man durch einen Samtvorhang ins Entree des Studios eines Modefotografen, in dem es von umtriebigen Assistenten und ranken Sekretärinnen wimmelte. So edel, so anmutig kann das alte neue Pueblo Nuevo sein.

Verwilderter denn je erscheint daneben die Escocesa am Carrer Pere IV. Künstler und Handwerker aller Art haben sich auch hier eingenistet: eine Betriebsamkeit, wie sie ins Konzept des 22@ zu passen scheint, bloß ohne Kapital. So soll denn die Escocesa, heißt es, dem Untergang geweiht sein?

Juan Carlos Montiel ist der Chefplaner des 22@. Zwei Stunden lang hatte er mir bereits erläutert, wie die Stadt die Kräfte zu bändigen versucht, die im Poblenou wirksam sind. Als ich das Beispiel der Escocesa anführte, sprang er vom Stuhl auf, seine Stimme überschlug sich: Er habe genug von den Lügen der 22@-Opponenten! Eilte hinaus und erschien mit einer Mappe wieder, schlug eine Seite auf: Da, ob dieser Plan vielleicht auf einen Totalabriss schließen lasse?

Industrieromantiker sollten sich dennoch keinen Illusionen hingeben, denn ihre Anmut wird der Escocesa noch die sanfteste Renovation austreiben. Im Übrigen ist Joan Rocas Anmerkung nicht von der Hand zu weisen, der 22@ führe sich selbst ad absurdum, wenn innovative Unternehmen, wie die Stadt sie anzulocken und zu fördern sich bemühe, aus alten Fabriken vertrieben würden, in denen sie sich bereits angesiedelt haben – weil die Gebäude den Renditehunger der Eigentümer nicht zufriedenstellen.

Eingehen, nach und nach verschwinden – aber vielleicht mit chinesischer Verschmitztheit wiederauferstehen – werden zweifellos auch viele der Bars, die wir auf unseren Gängen durchs Pueblo Nuevo entdeckten. Keine köstlichen Schinken-*Bocadillos* mehr bei Yoli, die noch einen Liter *Gazpacho* zum Mitnehmen abfüllte, bevor sie uns – sehr kundig – die Torkonstruktion zeigte, die ihres Erachtens den architektonischen Wert der Escocesa ausmacht. Oder die Bar Llacuna an der gleichnamigen Straße: Sie braucht kein Sixties-Revival. Den Stil des Interieurs charmant verkörpernd, trägt die Wirtin ihre Bedenken vor, wie das Geschäft künftig laufen wird. Unlängst erst wurde der ganze Block vis-à-vis abgetragen, nun verliert sich der Blick (Poblenou ist das Viertel der sich verlierenden Blicke) auf einer enormen provisorischen Parkfläche. Hier entsteht der Campus Audiovisual der Universitat Pompeu Fabra um einige als schützenswert erachtete Überreste der Textilfabrik Ca l'Aranó. Die Privathochschule hat ihre Fakultäten schon seit zwanzig Jahren in um die Altstadt verstreuten Bauruinen errichtet. Die beiden einstigen Militärkasernen hinter dem Ciutadella-Park sind hervorragende Beispiele dafür; mehr noch die daneben anschließende Bibliothek am Carrer Wellington, die das einstige Wassersilo einnimmt, das es mit seinen Mauerbogenreihen fast mit der Moschee von Córdoba aufnehmen kann.

Die Fabriküberreste an der Diagonale – Ca l'Aranó – hingegen muten heute zwischen den zehnmal höheren Neubauten des Campus Audiovisual nur noch anekdotisch an. An ihren Mauern machten sich an jenem Nachmittag einige portugiesische Graffiti-Künstler zu schaffen. (Die Menge der im Poblenou versprühten Farbdosen ist weltrekordverdächtig.) Gleich um die Ecke saßen zwei Obdachlose vor ihrem Feuerchen. (Logisch, dass sich in solchen Freiräumen mittellose Immigranten einnisteten. Man traf sie überall im Poblenou, das ja von jeher ein Einwandererviertel gewesen ist.) Nischen für Nichtsnutze und Nomaden, es wird sie immer geben. Ebenso aber wird Barcelona seinen Traum von der vollkommenen Vernünftigkeit, Übersichtlichkeit und Kontrollierbarkeit der städtischen Umwelt noch lange weiterträumen.

Wie ich eines Tages Gaudí schätzen lernte

Zur Rezeptionsgeschichte des Architekten

Man gestatte die persönliche Vorausbemerkung, dass ich Gaudís Bauten, mit Ausnahme der Pedrera – des »Steinbruchs« am Paseo de Gracia – immer verabscheut habe. Daran ist nichts Ungewöhnliches, denn wenige Werke der Architektur haben so vehemente Kundgebungen der Irritation und des Hohns hervorgerufen wie die Gaudís. Dies zunächst in der Stadt selbst, in der er gewirkt, man kann aber nicht sagen: die er geprägt hat. Barcelona könnte ohne Weiteres ohne ihn auskommen; bloß müsste es sich dann ein anderes Verkaufsargument für den Tourismus suchen (sofern auf diese Karte zu setzen langfristig ratsam ist).

Für die Stadt als Organismus, für ihre Urbanität und ihre Eurhythmie ist der Plan Cerdà, die rationalistische, in Gaudís Kindheit unternommene Stadterweiterung, unendlich maßgeblicher als all dessen Bauten zusammen. Millionen Touristen reisen dennoch nicht Cerdàs, sondern der Sagrada Familia und der »pâtisserie Barcelone« wegen an, wie Salvador Dalí die »weichen« Bauten seines Landsmanns in der ihm eigenen Mehrdeutigkeit genannt hat.

Gaudís Bauvolumen dürfte kaum einen Zehntel dessen umfassen, was kurz nach ihm der brave, aber deswegen nicht verachtenswerte Architekt Enric Saignier in Barcelona hinterließ. Trotzdem bestimmt Gaudí heute auf fast unglaubliche Weise das

Image der Stadt. Wurde je ein anderer Baukünstler so hemmungslos vermarktet? Durch die Sagrada Familia werden an Spitzentagen über zehntausend Besucher geschleust. Wie viele von ihnen mögen den Zwiespalt empfinden, den Julius Posener 1966 formulierte? »Denn es ist beides wahr, was man von dieser Architektur sagen kann: große Struktur, große Skulptur, Farbreiz, Textur, Raumschöpfung […] Aber ebenfalls: Pfefferkuchenhausarchitektur, Kitsch, Überdekoration, Romantik.« Dass die meisten sich eher vom Kitsch als von der großen Struktur bezaubern lassen, darüber braucht man sich keine Illusionen zu machen.

Für die Wahrnehmung Gaudís wurde außerdem seine Lebensgeschichte, zur Legende verklärt, zunehmend bedeutsam. Die Kanonisierung des Architekten – er dürfte der erste Heilige seines Metiers werden – scheint fast leichter vonstatten zu gehen als seine Aufnahme in den Kanon der Moderne. Wenn seine Figur, schon als er noch leibhaftig in der Bauhütte unter seiner mirakulös emporwachsenden Kathedrale hauste, in die Nachfolge biblischer Architekten wie Hiram oder Phaleg rückte, dann vermischen sich heute Architektur und Legende vollends zu einem soziologischen Phänomen. Und wie alles bei ihm schließt auch die »Gaudimania«, seine Erhebung zum Popidol, wunderliche Aspekte ein. So stand auf der Plaça del Rei in Barcelona zeitweilig die schmucke Reklamewand eines deutschen Autofabrikanten. Audi, Gaudí, die mussten ja irgendwie zusammenfinden, und vermutlich hatten die Werbetexter ihren Heidenspaß daran, das folgende Vaterunser zu verfassen: »Danke, Gaudí, dafür dass Du unser Denken inspirierst. Dass Du der Spiegel bist, in dem wir uns wiedererkennen wollen. Dass Du uns zeigst, dass Anfang und Ende aller Formen sich in der Natur finden, und dass der einzige Weg zur Perfektion in der Innovation liegt.« Und keiner lacht.

Dabei lachte man über Gaudí schon zu seinen Lebzeiten. Gerade die Casa Milá oder La Pedrera, in mancher Hinsicht der für Rigoristen der weißen Moderne am ehesten goutierbare, später durch Antonionis Film »Professione: reporter« zur Ikone gewordene Bau, war eine bevorzugte Zielscheibe der zeitgenössischen satirischen Zeitschriften. Die antiklerikalen Cartoonisten verschonten auch die Figur des Architekten nicht, dessen gebrechliche, von der Askese gezeichnete Gestalt zwar einerseits stadtbekannt war, andererseits jedoch, als ihn 1926 eine Straßenbahn überfuhr, zunächst für die eines Clochards gehalten wurde. Vier Tage später erwies ihm halb Barcelona die letzte Ehre.

Es waren einige seiner engsten Mitarbeiter oder Geistesverwandte, die sich in den folgenden Jahren als Erste teils hagiografisch, teils sachlich mit ihm auseinandersetzten: Ràfols, Folguera, Rubió und insbesondere Puig Boada, den man als Gaudís Eckermann bezeichnen kann, trug er doch all das zusammen, was er und andere aus dem Mund des Meisters vernommen hatten. Mag auch die Authentizität der Aussagen nicht immer gewährleistet sein, bleiben seine (nie ins Deutsche übersetzten) Aufzeichnungen eines der interessantesten Gaudí-Bücher.

Allein auf mündlicher Überlieferung beruhen umgekehrt auch abschätzige Bemerkungen von Zeitgenossen wie Picasso und Unamuno. Letzterer, vermutlich gekränkt, weil sich der Katalane mit ihm nicht auf Spanisch unterhalten mochte, soll die Sagrada Familia kurzerhand als »besoffene Kunst«

abqualifiziert haben. In Katalonien selbst schoss sich die einflussreiche Bewegung des *noucentisme* auf Gaudí ein. Ihr Wortführer, Eugeni d'Ors, strebte als Advokat des guten Geschmacks eine geistige und ästhetische Neuordnung an, indem er die sektiererischen Auswüchse des katalanischen *modernisme* bekämpfte, ohne sich auf die Radikalität der Avantgarde einzulassen. Für ihn waren Gaudís Bauten folgerichtig eine »erhabene Abnormität«, ein »prätentiöses Abrakadabra«.

Unter einem anderen Gesichtswinkel sahen – oder übersahen – ausländische Besucher das Werk. Es war zunächst wohl einfach ein Kuriosum, für das etwa Apollinaire 1914 eher beiläufig mehr Aufmerksamkeit forderte – kurz nachdem vom einzigen ernsthaften »Exportversuch« kaum jemand Notiz genommen hatte: der Gaudí-Ausstellung in Paris, die der Industrielle Eusebi Güell 1910 seinem Schützling ermöglicht hatte. Viele derjenigen aber, die Barcelona in den folgenden Jahrzehnten besuchten, schienen ihn schlicht zu ignorieren; was sie fesselte, waren eher die unterweltlichen, lebensprallen, gewaltsamen Aspekte dieser Kapitale der Barrikaden, Bomben und gebrandschatzten Kirchen, die überdies der Sündenpfuhl Europas war. Wer in solcher Umgebung auf Gaudís architektonische Fantasmagorien überhaupt achtgab, für den schrieben sie sich ein in den Kontext anderer iberischer Exzesse oder Topoi: des Stierkampfs etwa oder Goyas Schauervisionen. Demselben Stamm schien der Architekt anzugehören – dieselbe kräftige, so abstoßende wie unwiderstehliche Note. Die zwiespältige Reaktion André Bretons ist dafür bezeichnend. An Picasso schickte er 1922 eine Postkarte mit dem Bild der Sagrada Familia: »Connaissez-vous cette mer-

veille?« (»Kennen Sie dieses Wunderwerk?«) Tags
darauf beim Vortrag im Ateneu war er seiner Sache schon nicht mehr so sicher: Die Kirche missfalle
ihm nicht, sofern er darüber hinwegsehe, dass es
sich um eine ebensolche handle. Resoluter urteilte
George Orwell, der sie 1938 als »one of the most
hideous buildings in the world« bezeichnete und
trocken hinzufügte: »I think the anarchists showed
bad taste in not blowing it up when they had the
chance.« Als Bonmot eher durchgehen mag die Be-
merkung des Katholiken Evelyn Waugh: »Sofern
man über das gesamte Werk dieses Architekten etwas Gutes sagen kann, dann dies, dass er keinerlei
Konzession an den guten Geschmack macht.«

Bei all dem sollte man nicht vergessen, dass die
meisten Bauten Gaudís in einer damals noch halb
ländlichen Vorstadtkrone lagen. Einzig der Palau
Güell wurde mitten in jenem Stadtteil errichtet,
der gleichzeitig als Barrio Chino zum Inbegriff der
Halb- und Unterwelt wurde. Zu klären bliebe, ob
Eusebi Güell es eher deshalb oder wegen der eisig-
gespenstischen Stimmung der grandiosen Räume
dort nur wenige Jahre aushielt.

Le Corbusier radierte das Barrio Chino auf seinem Plan von 1927 schlicht aus – allerdings nicht
ohne dort seinem Skizzenblock auch einige Zigeu-
nerinnenbüsten anzuvertrauen. Er ließ sich, ein
Jahr nach dessen Tod, auch Gaudí nicht entgehen,
dessen »Kraft und außerordentliche technische Fä-
higkeiten« er sogleich erkannte. Bis heute ist seine
Bewunderung für die kleine Schule mit ihren ge-
genläufig ondulierenden katalanischen Gewölben,
einem einfachen Nebenbau der gigantischen und
unendlich komplexen Sagrada Familia, das Paradigma der rationalistischen Sichtweise auf Gaudí

geblieben. Ihr blieb indessen immer ein gewisser Abscheu beigemischt. So geißelte Christian Zevros, Herausgeber der *Cahiers d'Art*, Gaudís Architektur als einen Cocktail aus »Hirngespinsten, neben welchen die Geschmacksverirrungen im Paris von 1900 als die reine Vernunft erscheinen«. Aber gerade deshalb, als »absoluter Beweis des Ekels und der Gleichgültigkeit der Kunst gegenüber«, kam sie für einen anderen am ehesten dem nahe, »was wir aufrichtig lieben können«. Dieser andere war Gaudís Landsmann Dalí.

Dalís Artikel »De la beauté terrifiante et comestible de l'architecture Modern Style«, mit Fotografien von Man Ray 1933 in *Minotaure* erschienen, markiert den eigentlichen Eintritt Gaudís in die Kunstgeschichte. Der Surrealismus war das Flussbett, in dem sich nachträglich wohl die meisten Verästelungen der Rezeptionsgeschichte des unklassifizierbaren Genies kanalisieren ließen. Gewiss, auch die deutschen Expressionisten waren längst auf Gaudí und seine naturhafte Formensprache aufmerksam geworden: Bruno Taut hatte ihn in seiner Zeitschrift *Frühlicht* vorgestellt, Hermann Finsterlin war vorübergehend sogar in Korrespondenz mit ihm getreten. So machen sich bis auf den heutigen Tag die verschiedensten Gruppierungen ihren Gaudí streitig, und für die Rationalisten wird er wohl auf alle Zeiten eine Geisel jener stockkatholischen und vaterländischen Kreise bleiben, die ihn schon im frühen Mannesalter gekidnappt hatten.

Sie sind es ja auch, die den blindwütigen Weiterbau der Sagrada Familia betreiben und bestimmen. Da der beklagenswerte Abklatsch inzwischen so weit fortgeschritten ist, dass alle seit den fünfziger Jahren periodisch aufflackernden Debatten um einen Baustopp hinfällig geworden sind, wird der Druck auf die Erzdiözese zweifellos zunehmen, die Planung nun wenigstens in die Hände der fähigsten Architekten zu legen. Bei Gaudís Tod hätte allein Jujol das Niveau gehabt, sein Werk fortzuführen – und wurde aus unerfindlichen Gründen ausgeschlossen. Heute wäre Calatrava ein schon fast zu offensichtlicher Kandidat; die besseren Chancen hat vielleicht Oscar Tusquets, der mit Recht die einmütige Begeisterung für Gaudí, die Stararchitekten von Foster über Gehry bis zu Isozaki anlässlich des hundertfünfzigsten Geburtstags äußerten, als ein wenig opportunistisch verdächtigte. Henry Russell Hitchcock, der die für den Erfolg Gaudís entscheidende Ausstellung im New Yorker MoMA – 1956 – mitorganisierte, war noch der Ansicht, Gaudí werde immer ein »Architekt für Architekten« bleiben. Er ahnte nicht die Kraft, die selbst die laizistischsten Verächter zuletzt für diesen Weltbaumeister einnimmt.

WUCHERNDES WAHRZEICHEN. Was wäre, wenn die Sagrada Familia einstürzte? Ein auf *YouTube* verbreitetes Video spielt diese Hypothese in Form einer fiktiven Tagesschau durch. Darin fällt Gaudís Sühnetempel krachend zusammen, und schuld ist ein Tunnel, dessen Bau gewisse Politiker trotz allen Warnungen im Jahr 2007 durchsetzten. Er wird als Teilstück des spanischen Hochgeschwindigkeitsnetzes (AVE) die Estació de Sants mit Barcelonas künftigem zweiten Hauptbahnhof Sagrera verbinden. So wie parallel dazu bereits drei ältere Bahn- und Metrotunnel, führt er im Cerdà-Raster quer durchs Stadtzentrum. Die geologischen Bedingungen für solche Bauten waren in Barcelona stets schon tückisch, und die unterhalb des Grundwasserspiegels in fast vierzig Metern Tiefe projektierte Röhre ist zweifellos ein technisch delikates Unterfangen. Krethi und Plethi ließen, genauso wie die in Barcelona engagierten Stararchitekten Jean Nouvel und Toyo Ito, ihre Einschätzung der Risiken laut werden; und die selbst ernannten Nachfolger Gaudís schrien Zeter und Mordio, werden doch nur Zentimeter die geplante Dämmmauer von den Fundamenten ihrer künftigen Hauptfassade trennen. Was wäre, wenn die in einem lächerlichen Video inszenierte Prophezeiung wahr würde?

Die Ängste der Anrainer der zu untertunnelnden Straßen waren nicht nur gespielt. Die von den Medien genüsslich orchestrierte Hysterie ließ allerdings außer Acht, dass Barcelona seit 1920 eines der bewährtesten U-Bahnnetze Europas angelegt hat. Erst ein Hauseinsturz beim Bau der vierzig Kilometer langen Linie 9 löste, obwohl ohne Todesopfer verlaufen, 2005 eine auch politisch ausgeschlachtete Skepsis aus, die der Triade aus Regierenden, Technikern und Bauunternehmern jeden Pfusch zutraute.

Im Sommer 2007 legte ein Stromausfall die Stadt lahm und setzte in der Folge wochenlang Tausende von Barcelonesen dem Gedröhn von Generatoren aus. Gar Hunderttausenden machte monatelang der schleichende, auf drei der zehn S-Bahn-Linien schließlich totale Zusammenbruch des Nahverkehrssystems den täglichen Arbeitsweg zur Hölle. Das unwahrscheinliche Desaster wurde als Symptom einer chronischen Benachteiligung Barcelonas insbesondere gegenüber Madrid gedeutet, am deutlichsten und folgenschwersten im Fall des regionalen Schienenverkehrs, der (wie die Flughäfen) in Spanien absurderweise bis heute zentralstaatlich verwaltet wird.

Für Barcelona eher ein Hohn denn ein Trost war es, dass die Hauptursache des S-Bahn-Desasters die plötzliche Eile war, mit der man die letzten Kilometer der AVE-Trasse durch die Vorstädte zog, um die Hochgeschwindigkeitsverbindung nach Madrid endlich in Betrieb nehmen zu können. Nach Sevilla (seit 1992) waren auch Málaga und Valladolid noch vor Barcelona ans AVE-Netz angeschlossen. Ein Irrsinn, war Madrid–Barcelona doch jahrelang die meistbeflogene Route der Welt. Die auf zweieinhalb Stunden Fahrzeit reduzierte Bahnverbindung raubte dem Air Shuttle (»Puente Aéreo«) denn auch umgehend die Hälfte seiner jährlich fünf Millionen Passagiere.

Im Übrigen ignoriert das neue, radial auf die Hauptstadt ausgerichtete Bahnnetz konsequent die Bevölkerungskonzentration an Spaniens Küsten. Mit dreihundert Stundenkilometern von Segovia nach Ciudad Real: gern geschehen. Zwischen Valencia und Barcelona aber sind 200 wohl auf alle Zeiten die Höchstgeschwindigkeit, zumal Madrid nicht am Weg liegt. Obwohl Frankreich der südwestlichen Verlängerung des TGV keine Priorität beimisst, würde sich niemand wundern, wenn dieser die spanische Grenze noch vor der Fertigstellung der zwischen Barcelona und La Junquera im Bau befindlichen Strecke erreichte.

Vielleicht erweisen sich ja zuletzt die sieben Kilometer zwischen Sants und Sagrera als unüberwindbar. Hatten vielleicht die katalanischen Nationalisten recht, die den AVE am liebsten durchs Hinterland an Barcelona vorbeigeleitet hätten? Beim Eiertanz um die beste Linienführung wechselten sämtliche Parteien ihre Präferenzen: »Cada loco con su túnel«, »Jedem Irren seinen Tunnel«, titelte *El*

País. Die Sozialisten schworen lange auf eine durch den Hafen führende Variante, um dann einsam den geradlinig unter dem Zentrum hindurch führenden Tunnel zu verteidigen, der angeblich die Sagrada Familia gefährdet. Was aber wäre, wenn diese wirklich einstürzte?

Eine mögliche Antwort lautet: Ganz schön viele Leute würden sich im Stillen darüber freuen. Als Gaudí 1926 starb, hatte die Sagrada Familia zweierlei Feinde. Für die einen war sie eine ästhetische Zumutung, für andere Ausdruck der Anmaßung einer verhassten Macht: der Kirche. Die Gründe der heutigen Gegner sind ähnlich gelagert, emotional weniger aufgeladen, dafür rational leichter begründbar.

Antiklerikale Gewaltausbrüche sind in Barcelona nicht mehr zu erwarten. Als 1909 in der *Semana Trágica* fast sämtliche kirchlichen Bauwerke der Stadt verwüstet wurden, zitterte auch Gaudí; und 1936, im Spanischen Bürgerkrieg, wurde seine Bauhütte an der Sagrada Familia wirklich zerstört. Als deren Weiterbau zwei Jahrzehnte später in Gang kam, sahen darin viele ein Sakrileg – nun allerdings an ihrem Entwerfer. Denn Gaudís Kühnheit als Konstrukteur erkannten gerade jene, die sich von seinen Ornamenten schaudernd abwandten. Diese gespaltene Sicht mag seinem Werk nicht gerecht werden. Doch dieses fortzusetzen, hatte schon um 1955 einen Zug ins Hochstaplerische.

Aus den Trümmern der Bauhütte seine Gipsmodelle zusammenzuflicken, ist heute nur noch exhibitionistische Folklore. Die wenigen verschont gebliebenen Pläne entstammen einer Entwurfsphase, die Gaudí – dauernd auf der Suche nach neuen Lösungen – längst hinter sich gelassen hatte. Das

Raffinement des Meisters, auf den man sich beruft, kann kein Computerprogramm ersetzen. Und wie viele Gehirne an wie vielen Universitäten an dem Pasticcio auch mitwirken, seinem Vorbild scheint es immer ferner zu rücken. Die Armierungen der Stützen, die die enormen Lasten des Hauptschiffs tragen, werden rosten und ihre geschmäcklerischen Verkleidungen Risse bekommen, auch wenn der zweiundachtzigjährige Architekt Jordi Bonet, der den Bau seit 1985 leitet, dies kaum mehr mit ansehen muss. Strukturell hat Bonet auf Bombast, materiell auf pure Postmoderne gesetzt; in ästhetischer Hinsicht aber hat der kurz nach ihm zum Chefbildhauer berufene Josep María Subirachs der Sagrada Familia ein einzigartig klobiges, in der Franco-Zeit verwurzeltes Gepräge verliehen. Einen respektvollen Umgang mit Gaudís Formempfinden hat nur der japanische Steinmetz Etsuro Sotoo gesucht, dessen zahllose, seit 1978 geschaffene Figuren und Fialen das niederschmetternde Bild des durch den frenetisch betriebenen Weiterbau zunehmend verschandelten Weihetempels unaufdringlich aufhellen.

Natürlich war Barcelona schon 1978 mehr als eine graue Industriestadt am Mittelmeer. Aus dem Nichts stieß sie nicht auf Rang drei oder vier unter Europas touristischen Topdestinationen vor. Radikaler als sie selbst hat sich seither ihr Image gewandelt. Im selben Zeitraum setzte sich die Sagrada Familia als ihr Wahrzeichen durch – und im gleichen frenetischen Rhythmus glich diese sich selbst immer weniger. Das Paradox hat seine Logik. Den einst ausschließlich vom Fluss freiwilliger Spenden abhängigen Baufortschritten sind bei jährlichen Einnahmen von etwa dreißig Millionen Euro (aus den Eintrittsgeldern der 2,7 Millionen Besucher und dem Merchandising) kaum mehr Grenzen gesetzt. Als Baumasse besteht Gaudís vermeintliches Hauptwerk nun überwiegend aus den Zutaten seiner selbst ernannten Nachfolger. Wo Gaudí anfängt und wo er aufhört, ist zwar augenfällig, kümmert den Durchschnittstouristen aber vermutlich wenig, und ihn darauf hinzuweisen, liegt nicht im Interesse der Bauleitung. Nach der Vollendung des Hauptschiffs wird die Überdeckung der Apsis die Kirche bald auch schon gottesdiensttauglich machen. Die Konfrontation mit Gaudís fragilem, um 1900 geisterhaft aus der damals noch leeren Ebene gewachsenem Apsisumgang ist ästhetisch wie technisch wohl die heikelste Operation des ganzen Unternehmens.

Umso unbekümmerter zieht man am gegenüberliegenden Ende des Baus dessen künftige Hauptfassade hoch, gekrönt wie ihre beiden Seitenstücke von vier hundertzwanzig Meter hohen Türmen, zwischen denen der zentrale Kampanile dereinst hundertsiebzig Meter aufragen soll. Jetzt schon markieren die kolossalen Säulen der »Façana de la Glòria« nicht nur das kirchliche Territorium, sondern heischen, hart an der Baulinie aufs Trottoir des Carrer Mallorca trampelnd, offensichtlich nach mehr Raum.

Auch hierbei berufen sich die Planer auf Gaudí. Auf einem von 1916 datierenden Grundriss sah er um den von der Sagrada Familia eingenommenen Block einen vierzackigen Stern vor, um ebenso viele Sichtachsen auf deren verschiedene Silhouetten zu öffnen. Die Wirklichkeit war großzügiger, aber ungeschickter. Höchst ungewöhnlich für Barcelona, blieben die beiden den Tempel seitlich flankierenden Planquadrate von Überbauungen frei. Die einzige wirklich spektakuläre Fernsicht – und zwar gerade auf die von Gaudí stammenden Bauteile – bietet jedoch die nach ihm benannte, wie seine Sternzacken schräg durch den Cerdà-Raster gelegte Achse zum Hospital Sant Pau. Zwei zum UNESCO-Weltkulturerbe gehörende Bauwerke verbindend, ist die Avinguda de Gaudí heute verkehrsfrei. Künstlerpech, dass sich die Gestalter der künftigen Hauptfassade nun dem einzigen ganz geschlossenen Blockrand gegenüberfinden, noch dazu an einer der meistbefahrenen Straßen der Stadt.

Mit Gaudís so sparsam wie präzis in die damals noch unüberbauten Planquadrate des Cerdà-Rasters geschnittenen Perspektiven hat ihr Ansinnen, eine sechzig Meter breite Schneise durch zwei Wohnblöcke bis an die Avenida Diagonal reißen zu lassen, nicht die entfernteste Ähnlichkeit. Was ihnen vorschwebt, ist ein Aufmarschplatz vor ihrer Glorienfassade, und ein im Frühling 2007 lancierter Ideenwettbewerb diente anscheinend vor allem der Einstimmung der Öffentlichkeit auf ihre Absicht, im Namen Gaudís über zwanzig Wohn- und Geschäftshäuser demolieren zu lassen und mehrere Hundert Bewohner auf Kosten der Steuerzahler neu anzusiedeln.

Noch ist die Debatte um die Expansionsgelüste der Sagrada Familia nicht entbrannt. Doch früher oder später werden – verzerrt, ein fernes Echo der ursprünglichen Streitpunkte – die alten Fragen auftauchen. Künstlerisch längst diskreditiert, brauchen sich die Gaudí-Nachfolger um die ästhetische Zumutbarkeit ihres Baus nicht zu sorgen: Je schwülstiger, desto unangefochtener wird er wie eine urbane Naturgewalt hingenommen (auch sein hypothetischer Einsturz wäre eine Naturkatastrophe). Über Gaudís Genialität nimmt heute jeder Banause den

Mund voll. Die Verschandelung aber, die unlängst bei ihrer Renovation der Güell-Krypta widerfuhr (für viele Gaudí-Liebhaber sein absolutes Meisterwerk), rief nur in jenen Kreisen Empörung hervor, deren resignierendes Gemurmel betreffend die Sagrada Familia von der Mehrheit schon immer überhört wurde.

Auf den einst so militanten Antiklerikalismus ist hingegen eben deshalb nicht mehr zu rechnen, weil sein Triumph vollkommen ist. Was in der Sagrada Familia gepredigt wird, ist den meisten einfach egal. Unter Kataloniens Fünfzehn- bis Vierundzwanzigjährigen finden sich gerade noch drei Prozent »praktizierende Katholiken«. Unter diesen Umständen kann sich die Kirche keine Vorrechte mehr herausnehmen, ohne dabei von soliden Bürgern an ihren eigenen staatsbürgerlichen Tugenden gemessen zu werden. Dem Ansehen der Tempelbauer hat daher, mehr als andere Dubiositäten, die erst 2007 publik gewordene Merkwürdigkeit geschadet, dass sie ihr Werk seit jeher ohne Baubewilligung verrichten. Der Architekt Bonet berichtigt: 1886 habe die damals noch unabhängige Gemeinde Sant Mart' de Provençals die entsprechende Genehmigung erteilt.

Man rechnet hier in anderen Zeiträumen. »Tausend Jahre«, so Bonet, solle der Tempel halten. Ohnehin beruhe, wie schon Gaudí bemerkt habe, bei der Sagrada Familia alles auf »Vorsehung«. Wäre da nicht dieses Tunnelprojekt, das offenbar selbst die statischen Berechnungen höherer Mächte durcheinanderbringt.

Singapur am Mittelmeer

Barcelona sagt der Sittenverwilderung den Kampf an

Sie war eine schauerliche Erscheinung, die bucklige, barfüßige, bosnische Bettlerin, oder wo immer sie herstammte: ein durch den Mainstream der Ramblas sich schleppendes Inbild des Mittelalters. Am Stock zusammengeknickt, sodass sie mit dem verschleierten Gesicht fast den Asphalt streifte, rückte sie Millimeter für Millimeter zwischen den Passanten vor. Nie zuvor hatte ich ein solches Wesen erblickt; und wäre doch nicht auf die Idee gekommen, dass es ein Schwindel war. Dann eines Abends, ich hatte sie eben überholt, gewahrte ich, wie sich eine zweite, vollkommen identische Gestalt in Gegenrichtung vorwärts quälte. Früher oder später mussten sie sich kreuzen! Das war denn doch zu viel des Pestzeitalters. Ich blieb stehen und betrachtete die zipperliche Alte genauer. Alles an ihr schien echt, nur die nackten Füße waren unzweifelhaft die einer jungen Frau. Welche Strapaze! Und welch eine Performance! In Barcelona als »organisierte Bettelei« inzwischen jedoch laut der Ordenanza contra el incivismo streng verboten.

Für die derzeit mehrheitlich aus Nigeria stammenden Straßenmädchen ist die 2007 erlassene Verordnung existenzbedrohend. Den Anthropologen Manuel Delgado erinnert sie an das einstige »Gesetz gegen Herumtreiber und anderes Gesindel« (*Ley de vagos y maleantes*). Der Politikwissenschaftler Joan Subirats hält es an sich für fragwürdig, das städtische

Zusammenleben mit Vorschriften zu regeln; solchen zumal, die ausschließlich den nicht konventionellen Gebrauch des öffentlichen Raumes unter Strafe stellen, »mit keinem Wort aber das Immobilienmobbing oder die Inbeschlagnahme des öffentlichen Raumes durch den Privatverkehr erwähnen«.

Ambulanter Handel und versprayte Mauern, organisierte Bettelei und öffentliches Urinieren: derlei macht allen großen Städten zu schaffen. Strittig ist freilich, was als öffentliches Ärgernis zu bekämpfen und was als Bereicherung des urbanen Lebens zu tolerieren ist. Barcelona, dessen durchgestylte Straßen der Sittenverwilderung nicht Einhalt zu gebieten vermochten, versucht es nun einmal mehr durch obrigkeitliche Verordnungen. So vergeblich wie eh und je.

Was ist geschehen? Barcelona kann sich – in den Worten seines Bürgermeisters – nicht mehr der »Spontaneität« ausliefern, mit der sich die diversen urbanen Tribus den öffentlichen Raum streitig machen. Zu komplex sei die Stadt geworden, in der sich einst zwei klar definierte Gesellschaftsschichten gegenüberstanden: die Bourgeoisie und das in Anwohnervereinigungen organisierte »gemeine Volk«. Nun jedoch seien zwei weitere Hauptakteure hinzugekommen: Hunderttausende neuer Immigranten und Millionen von Touristen.

Vorbei die Zeiten, da ein Francis Picabia auf ein Gemälde den Satz pinseln konnte: »Il n'est pas donné à tout le monde d'aller à Barcelone.« (»Es ist nicht jedermann gegeben, nach Barcelona zu gehen.«) Das war 1916. Heute nehmen ganze Flugzeugladungen aus Bradford zum Polterabend Kurs auf Barcelona, eben weil sich's dort so schön poltern lässt. Niemand kann erwarten, dass sie sich dann an den

Ramblas wie Musterknaben aufführen. Ist jedoch diese Demokratisierung des Tourismus nicht ganz im Sinn der sozialistischen Politiker, die Barcelona seit dreißig Jahren regieren und die sein Image einer leichtlebigen und toleranten Stadt nach Kräften gefördert haben?

Gleichwohl sprangen sie, als sie den Unmut ihrer Bürgerschaft über einige Auswüchse bei der Benützung des öffentlichen Raumes gewahrten, umgehend auf den Empörungszug auf. Das Ergebnis – in Form der bewussten Verordnung – spottet dem freiheitlichen Geist, der hier bisher wehte, Hohn. Kaum jemand beschwert sich darüber, dass öffentliches Urinieren oder die fortgesetzte Belärmung aus offenen Autofenstern hinfort ihren Preis haben, oder dass Vandalismus und epidemisches Gammlertum bekämpft werden. Bloß was ist darunter genau zu verstehen? Und wie wäre es, wenn sich die Behörden künftig selbst etwas mehr Zurückhaltung auferlegten bei der von ihnen so kräftig geförderten Eventkultur, bei der kein Wochenende ohne irgendeinen von Lautsprechergekrächz untermalten Volkslauf oder ein Festival zugunsten einer guten Sache vergeht?

Josep Ramoneda, Leiter des Kulturzentrums CCCB, beklagt die Reduktion der Verwahrlosungsdebatte auf die Schablone Toleranz / Repression. »Dem Wind entsprechend, der gerade weht, wurde sie zugunsten Letzterer entschieden. Als wäre mit solchem Opportunismus das Problem aus der Welt.«

Strikt angewandt, würde die Verordnung Barcelona in eine Art mediterranes Singapur verwandeln. Ungeahndet bleibt zwar weiterhin das kommune Betteln; nicht aber so ziemlich alle anderen informellen Erwerbsformen, mit denen sich namentlich mittellose Immigranten durchschlagen. Da gibt es die Pakistani, die allnächtlich an jeder belebten Ecke Dosenbier feilhalten. Theoretisch dürfen sie nun nicht einmal mehr, wie seit Ewigkeiten üblich, den im Sommer an den Stränden Dürstenden ihre Getränke anbieten. Ebenso traditionell – so sehr, dass dafür der schöne Ausdruck *top manta* erfunden wurde – ist der ambulante Handel mit Raubkopien von CDs und DVDs, Sonnenbrillen, Schultertücher und so weiter, die eben auf eine *manta*, eine schnell zusammenzuraffende Decke gebreitet, zum Straßenbild spanischer Großstädte gehören. Tauchte in der Ferne eine Blaumütze auf, so raffte schon bisher, wie in einer Reihe von Dominosteinen, einer nach dem anderen sein Tuch zusammen, und prustend suchte die interkontinentale Schar das Weite.

Der *top manta* nahm mitunter lästige Ausmaße an. Einen Sommer lang verwandelten sich die Ramblas jede Nacht in einen Bazar, der indessen auch ohne *ordenanza* wieder eingedämmt wurde. Andererseits ist die Musikpiraterie zweifellos ein mafiaartiges Geschäft – sonst würde die Polizei schwerlich bei einer einzigen Razzia dreihundert DVD-Brenner beschlagnahmen. Die meisten derjenigen, die nun ihr Geschäft bedroht sehen, sind aber – mögen sie auch organisiert sein – im Grunde Einzelkämpfer: die an der Ampel mit Schwamm und Kübel wartenden Autofensterputzer, die Hellseher mit ihren Tarotkarten und die *trileros* genannten Schwindler, die Touristen zu einem vermeintlichen Geschicklichkeitsspiel verlocken. Geradezu pathetisch mutet in einer Stadt wie Barcelona das Bestreben an, den Straßenstrich auszurotten. In Wirklichkeit begünstigt dies nach Ansicht der Betroffenen nur die die Bordelle beliefernden Mafiabanden, in deren Arme die Frauen so getrieben werden. Die Straße war gerade für Huren eine »Insel der Freiheit«, so eine Prostituiertensprecherin.

Im Herbst 2009 skandalisierten einige in *El País* publizierte Fotos, auf denen unter den Arkaden des Mercat de la Boquería vögelnde Paare zu sehen waren, die Öffentlichkeit und lösten eine neue Hatz gegen die Prostitution in Barcelonas Unterstadt aus. Der eigentliche Niedergang war meines Erachtens das Fehlen des behelfsmäßigen Samtvorhangs, der das seit Jahren zu beobachtende Treiben gegen die Ramblas abschirmte. Wer die Geschichte dieses Stadtteils kennt, der weiß, dass hier für die ärmsten Huren die Straße selbst schon immer der Ort war, an dem sie ihr Geschäft betrieben. Barcelona ist nicht Schweden. Die Prostitution im Barrio Chino auszurotten, hat man während des gesamten 20. Jahrhunderts so oft versucht, dass auch die jüngste Säuberungswelle nur als Farce anmutet, und verheerend ist sie vor allem für die Mädchen selbst.

Es sind immer die anderen, die sich schlecht benehmen, und nicht jeder nimmt an denselben Verhaltensweisen Anstoß. Für mich war es immer ein Zeichen exquisiter Toleranz, dass Banken und Sparkassen die Obdachlosen gewähren lassen, die in kalten Winternächten in den mit Automaten ausgestatteten Vorräumen lagern, ihre Joints rauchen oder sich vielleicht sogar lieben. Für andere ist es wohl eher anrüchig als anrührend, in solcher Gesellschaft an den Geldautomaten zu treten. Hingegen hört bei mir der Spaß auf, wenn sich sämtliche Familienväter am Sonntag zur selben Stunde verschworen haben, ihre Lieben im Auto Richtung Strand zu chauffieren und dann im Stau unter meinem Fenster ein Hupkonzert loslassen. Über sie und ihresgleichen aber geht der neue barcelonesische Ordnungsfimmel hinweg.

Achtung: Sant Jordi

Wenn Bücher sich zusammenbrauen

Der 23. April ist der »Tag des deutschen Bieres«, aber auch der »Welttag des Buches«. Es ist begreiflich, dass der Kalender nicht mehr jeder Branche, jeder Minderheit, ja nicht einmal einer Mehrheit wie den deutschen Biertrinkern einen exklusiven Ehrentag gewähren kann, sodass es zu Überschneidungen wie der von Bier und Buch kommt. Wenn ein Bier und ein Buch sich überschneiden, schaut gewöhnlich eine gewellte Seite heraus. Wir wollen uns hier deshalb auf das Stelldichein der Literaten konzentrieren.

Dafür müssen wir ins Jahr 1926 zurückblättern, als in Spanien auf königliches Dekret erstmals die »Fiesta del Libro Español« zelebriert wurde, und zwar am Geburtstag des Autors des »Don Quijote«, am 7. Oktober. 1930 wurde die Feier auf Cervantes' Todestag, den 23. April, verlegt. Zufällig ist das auch der Tag des Heiligen Georg, des englischen sowie des katalanischen Nationalheiligen: Sant Jordi. Das erklärt, weshalb sich der Tag des Buches, der im restlichen Spanien eine eher akademische Angelegenheit blieb, in Barcelona zu einem Volksfest entwickelte, das nebenbei der nationalen Selbstbehauptung und der Verbreitung der katalanischen Literatur diente. Barcelona ist aber auch Sitz der wichtigsten spanischsprachigen Verlage, und deren Geschäftssinn war vermutlich nicht ganz unbeteiligt daran, dass sich, unterbrochen nur durch die Kriegsjahre, der Brauch einbürgerte, dass zu Sant

Jordi jede rechtschaffene Katalanin ihrem Liebsten ein Buch verehrt – sei es ein katalanisches oder ein spanisches. Die Herren der Schöpfung revanchieren sich mit einer Rose. Darüber mögen nicht nur Feministinnen die Stirn runzeln; es hat aber insofern seine Logik, als in einem Land wie Spanien, wo Frauen wesentlich mehr lesen als Männer, der Nachholbedarf der Letzteren größer ist. Nicht zum Nachteil der Frauen werden auch auf Bücher zehn Prozent Nachlass gewährt, während der Rosenpreis an Sant Jordi ins Unermessliche steigt.

Natürlich dürfen mittlerweile auch Frauen mit Büchern und Männer mit Rosen beschenkt werden. Was sich jedoch nicht ziemt, ist, sich am 23. April ganz ohne Buch und ganz ohne Rose blicken zu lassen. Ein Sonderling, wer sich solches leistet – oder aber ein Narr, genauer: ein Büchernarr. Denn Barcelonas Buchhandlungen sind, auch wenn sie mit ihrer Ware hinaus auf die Straße und zum Volke drängen, am Tag des Buches so fürchterlich überlaufen, dass jeder echte Bücherfreund sich davon tunlichst fernhält. Für die Autoren aber heißt Sant Jordi, die Füllfeder bis zum Rand füllen, zur Signierstunde anrücken und dann die Schmach erleiden, dass die Schlange am Nebentisch zehnmal länger ist: Dort signiert der TV-Entertainer, der eben seinen ersten Roman vorgelegt hat.

Angesichts solcher Erfolge ließ die katalanische Regierung nichts unversucht, den edlen Brauch zu exportieren. Zuerst wurden die Japaner davon angesteckt, und 1995 erklärte die UNESCO den 23. April rundweg zum Welttag des Buches. Marathonlesungen in Kopenhagen, Bänkelsänger und regionale Promis bei »Bayern liest und genießt« in Ingolstadt, Canada Book Day Packages in Toronto, Kirjan ja

ruusun päivä in Helsinki sind die Folge. Eine Bier-
idee? Wer heute eine Buchhandlung betritt, verlässt
sie am besten mit einer Rose in der Hand wieder.

Markenzeichen, vom Himmel gefallen

BCN–MAD – über Macht- und Modernitätstransfers

Die Stadt trägt einen wohlklingenden Namen.
Bars, der Himmel, eine Welle schwingen darin mit.
Fremdsprachige malträtieren ihn oft mit einem allzu beflissen gelispelten c, anstatt dieses einfach als
s auszusprechen, so wie es vierhundert Millionen
Lateinamerikaner und die Katalanen selbst tun, die
ihre Hauptstadt gut bäuerisch »Barsälona« nennen.
So oder so sind vier Silben in diesen schnelllebigen
Zeiten manchmal zu umständlich. Mundfaule Menschen verknappten Barcelona daher schon lange zu
»Barna«. In dieser Schrumpfform fällt von dem Namen – im Gegensatz zu einem Sigel wie L.A. – aller Glanz ab. Praktisch, unprätentiös: Lkw-Fahrer-
Jargon. Und doch distanziert sich, wer Barna sagt,
heute schon wieder von einem anderen Kürzel,
dessen gewollter Chic manchmal nervt: dem Flug-
hafencode BCN.

Dabei verhalf BCN ausgerechnet die Müllabfuhr
zum Durchbruch. Als den städtischen Reinigungs-
diensten im Jahr 2000 ein neues Image verpasst wurde, kam man auf den cleveren Namen »BCNeta«.
Eine saubere Lösung. Zwar hatte die Stadt bereits
ihre eigene Homepage *www.bcn.es* getauft. Doch erst
als jeder Müllwagen die drei Majuskeln trug, begann
deren Siegeszug. Fluoreszierend auf den giftgrünen
Uniformen der Straßenfeger, die allnächtlich – scharf
am Schuhwerk der Nachtschwärmer vorbeizielend
– Barcelonas Straßen abspritzen, wurden sie zum

Markenzeichen wie das Schweizerkreuz. Die meisten der dreißig Millionen Passagiere, die jährlich in BCN abgefertigt werden, reißen den Streifen mit dem IATA-Code gewiss so achtlos wie eh und je von ihrem Koffer; doch alsbald begegnen sie ihm wieder im Namen einer Bar oder auf der Tragtasche, die sie als modebewusste Shopper ausweist. Ob Equipaje BCN (Gepäckdesign) oder BCNBinary (Networking), ob VAN!bcn (Umzüge) oder die *BCNWeek* (eine inzwischen nur noch monatlich erscheinende, spanglish mit ein wenig *català* mixende Gratiszeitung), ob die Lolitas-BCN (Escortservice) oder niubcn (ein neues Künstlernest, wie der Name doppelsinnig besagt): Wer frisch und modern wirken will, bedient sich der magischen Formel. Google findet BCN in zwanzig Millionen Varianten. Gar auf hundertsiebzig Millionen Einträge bringt's Madrids Flughafenkürzel; aber MAD hat natürlich noch andere Konnotationen und taugt zum Branding nur bedingt.

DER EWIGE WIDERSPIELER. Im Duell Madrid-Barcelona ist die von Aversionen und gegenseitigem Misstrauen genährte Spannung zwischen Zentrum und Peripherie bis heute spürbar. Dem verächtlichen Blick des Zentrums auf die »Provinz« begegnete Katalonien, seines höheren Entwicklungsstands gewiss, seinerseits mit einer Mischung aus Verachtung und Argwohn. Nicht ganz grundlos rümpfte man in Barcelona über die hinterwäldlerischen Hauptstädter mit ihren herzlichen, aber ruppigen Sitten die Nase und neigte dazu, selbst in Madrids urbaner Pracht vor allem das Pompöse eines aufgeblähten Meseta-Nestes zu sehen. So sehr hatte man sich an diese Sichtweise gewöhnt, und so sehr war man gerade in den Jahren der *Transición* nach 1975 von sich selbst hypnotisiert, dass man auf Madrids gleichzeitig sich abzeichnendem Aufbruch zwar schielte, seiner Folgen jedoch erst im Nachhinein gewahr wurde.

Denn Madrid zog mit Barcelona nicht nur an kultureller Vitalität gleich, sondern entriss ihm beiläufig die Schalthebel der wirtschaftlichen Macht; und dies in einem Tempo, das Barcelonas früheren Bürgermeister Maragall um die Jahrtausendwende lakonisch konstatieren ließ: »Madrid se va«, »Madrid geht«. 2003 folgte dem so betitelten Zeitungsartikel ein zweiter, diesmal unter der Überschrift: »Madrid se ha ido«, »Madrid ist gegangen«. Madrid hat uns abgehängt, so lautete die Botschaft. Es spielt jetzt in einer anderen Liga, jener der globalen Machtzentren.

Das seit Langem vorhersehbare Platzen der Immobilienblase, die in beiden Städten den Quadratmeterpreis für Neubauwohnungen auf bis zu durchschnittlich sechstausend Euro getrieben hatte, traf Madrid nicht härter als Barcelona, obwohl die über fünf Autobahnringe in die Meseta hinaus wuchernde Hauptstadt schon topografisch anfälliger für solche Auswüchse war als das zwischen Meer und Gebirge längst kompakt überbaute Barcelona. Erst um 1960 hatte Madrids Bevölkerungszahl die Barcelonas übertroffen; die beiden Agglomerationen halten sich heute mit sechs beziehungsweise viereinhalb Millionen Einwohnern weiterhin die Waage.

Verloren hat Barcelona seine einst unbestrittene mediale Übermacht. Heute konzentrieren sich die Schwergewichte der spanischen Medien in Madrid, auch wenn sie stets einen Teil ihrer Programme in Barcelona produzieren. In gewisser Hinsicht ist Barcelona heute eine auf kreative Ideen spezialisierte

Filiale Madrids. Nur was die literarische Produktion betrifft hat Barcelona – so sehr es sein Katalanisch verhätschelt – seine führende Stellung behauptet: an die achtzig Prozent der in Spanien verlegten Belletristik erscheinen in Katalonien (zweiundsechzig Prozent der Schulbücher hingegen in Madrid), und Barcelona ist eine der Welthauptstädte des Verlagswesen und das editorische Zentrum des vierhundert Millionen Menschen umfassenden spanischen Sprachraums geblieben.

Auch seine Universitäten halten trotz der Selbstbenachteiligung durch die katalanische Sprache mit jenen der Hauptstadt Schritt, etwa was die Anzahl publizierter wissenschaftlicher Arbeiten betrifft. Barcelona hat als Zentrum der biomedizinischen Forschung eine führende Stellung. Beide Städte unternehmen ähnliche Anstrengungen, mit neuen Technologiedistrikten Investoren anzulocken. Dabei ist Madrid als Sitz großer Konzerne und durch seine interkontinentalen Verbindungen im Vorteil, Barcelona scheint ein Plus an Lebensqualität zu bieten. In den einschlägigen Rankings betreffend ihre Attraktivität als Business-Städte liegen sie im europäischen Vergleich durchweg praktisch gleichauf unter den ersten sechs oder sieben. Madrid, so könnte man solche Untersuchungen zusammenfassen, hat die bessere Hardware, Barcelona aber produziert weiterhin die bessere Software.

Außerdem gibt es noch Stilfragen. So wird kaum jemand bestreiten, dass der FC Barcelona seit Jahren den lieblicheren Fußball spielt als Real Madrid (und dies ohne das Madrider Protzgehabe, sondern überwiegend mit eigenen Nachwuchsspielern).

Auf der Höhe der Zeit sein heißt für eine Stadt doch wohl: Neues hervorzubringen, das später anderswo aufgenommen wird, und eben dieser »Modernitätstransfer« spielt sich zwischen Barcelona und Madrid nach wie vor überwiegend in der altgewohnten Richtung ab. All die netten kleinen Hypes – von der delikaten Patisserie bis zum ultracoolen Hutladen, von unverschämt beziehungsweise reinen ästhetischen Gewissens zu versendenden Postkarten bis zu exzellenten Buchhandlungen wie »La Central«, tauchen stets zuerst in Barcelona auf, um dann – oft direkt in Form von Filialen – nach Madrid zu wandern. Mit dem Begriff Design verbindet man weiterhin den Namen Barcelona und nicht den Madrids.

Bezeichnender noch: Wenn man in Barcelona vor zwanzig Jahren jeden Radfahrer in der automobilen Verkehrshölle für einen Irren halten musste, so hat sich im selben Zeitraum in Madrid daran wenig geändert. Inzwischen ist das Fahrrad in Barcelona zu einem der meistbenützten Transportmittel geworden. Allein der städtische Verleih »BiCiNg« – da haben wir es wieder, das Markenzeichen BCN – hat binnen Kürze über zweihunderttausend Abonnenten gewonnen, denen sechstausend Fahrräder an über vierhundert Stationen zur Verfügung stehen. Das beliebteste Fortbewegungsmittel in Barcelona – auch damit hält es einen Europarekord – sind allerdings immer noch die eigenen Füße.

Roller und Rumpler

Eine touristische Bagatelle

Sah man früher auf der Straße jemanden, der einen Koffer trug, so wusste man: Da geht ein Mensch auf Reisen. Solche Individuen strebten entweder zum Bahnhof oder winkten ein Taxi herbei, und ein Hauch Fernweh wehte einem von ihnen entgegen. Denn es waren Ausnahmegestalten, ein wenig entrückt schon dem Strom der ihrem täglichen Kram nachgehenden Passanten. Damals gab es natürlich noch keine Billig-Airlines. Einen Linienflug Leeds–Limoges hätte man für einen Witz gehalten, und von Aarhus nach Girona gelangte man via Kopenhagen und Barcelona. Heute verhält es sich gerade umgekehrt.

Vor allem aber gab es den Rollkoffer noch nicht, und mithin nicht all die Kofferroller, die heute, ins Straßenbild einer Stadt wie Barcelona gesprenkelt, eine Spezies für sich bilden. Bald in Rudeln heranrollend, bald als Soloroller zirkulierend, verbreiten sie keine Aufbruchsstimmung, sondern eher das Gefühl, man lebe in einer Art Durchgangslager. Wer so ganz ohne Koffer seiner Wege geht, wird vom Zweifel gepackt, ob er nicht sein Gepäck irgendwo habe liegenlassen. Wo aber wollen, wo rollen sie eigentlich hin, die da zu jeder Tages- und Nachtzeit um Ecken rumpeln, Plätze überqueren, scheinbar ziellos, den rollenden Trabanten im Gefolge, einherschlendernd? Ein Mysterium – so wie sie selbst, an ihre Koffer gekoppelte Doppelwesen, eines sind.

Führen sie ihn vielleicht spazieren, so wie man früher seinen Hund ausführte? Oder sind es Verirrte, Verstoßene gar, auf ewiger Wanderschaft?

Mitunter bleiben sie plötzlich stehen. Und während die Rechte auf dem Koffergriff ruht, von dem sie sich nicht lösen darf, nestelt die Linke einen Stadtplan hervor, hält ihn vor die Brust. Der arttypische Blick senkt sich kurz auf das dort abstrahierte Straßengewirr, um alsbald über die umliegenden Fassaden zu schweifen, bevor er sich mechanisch neuerlich auf den Plan heftet, ungläubig, mit der immer gleichen, mehrmals wiederholten, zunehmende Irritation anzeigenden diagonalen Kopfbewegung: »Wenn sie wenigstens ihre Straßen ordentlich anschreiben könnten!«

Der Rollkoffer hat den Kofferroller hervorgebracht. Wer aber hat jenen erfunden? Google bleibt die Antwort schuldig, gütig zurückfragend, ob man eventuell das »Urmodell des Zollikofers« meine (das er dann auch nicht kennt). Dafür hätte ich folgenden Anhaltspunkt beinahe übersehen: »… erfand ein japanischer Geschäftsmann einen Rollkoffer, dessen ausziehbarer Griff gleichzeitig als Gehstock fungiert.«

Die ältesten mir bekannten Modelle hatten lediglich zwei schmale, verschämt unter dem Kofferbauch verborgene Rädchen. Dass ein solches Gebilde auch mal kippen konnte, ja von jedem Höckerchen umgeworfen wurde, spielte keine Rolle. Die heute üblichen, walzenartigen, gar wie bei einem Geländewagen seitlich auskragenden Rollen hätte man damals als ästhetische Zumutung empfunden, waren doch jene Reisetaschen auf ebenso zierliche Damen zugeschnitten, die damit ausschließlich durch weltstädtische Hotel- und Abflughallen – nix Leeds, nix Limoges – stöckelten. Da passte eben noch alles zusammen: Pumps, Röllchen, spiegelglatte Böden. Schon gar nicht eingefallen wäre es jenen Damen, sich mit ihrem Koffer auf Wanderschaft zu begeben, so wie es heute in Barcelona gang und gäbe ist. Dessen Trottoirs sind zwar auch schön breit und leidlich löcherfrei. Wenn jedoch ganze Rollkommandos anrücken, dann rattert's zwangsläufig ein wenig. Denn nicht jeder Reisende – oder was immer er ist – kann sich eines jener wundersam lautlos dahingleitenden Modelle leisten, deren Preis man auch lieber nur im Flüsterton ausspricht. Dabei war gerade Porsche doch früher eher für Lärm zuständig.

Feria de Abril

Andalusisches Intermezzo

Da sprengt ein Fabrikarbeiter, verkleidet als andalusischer Großgrundbesitzer, hoch zu Ross über den Stadtstrand, an dem sich weit nach Mitternacht einige Hunderttausend Leute versammelt haben. Weil aber Pferde nicht eigentlich sein Fach sind, trampelt der Gaul beinahe eine Großfamilie nieder, deren Oberhaupt dem Reiter ein lakonisches: »Wegen Typen wie dir bin ich damals ausgewandert!« nachschickt.

1971 zimmerten einige jener südspanischen Emigranten, die damals nicht nur in Deutschland, sondern zahlreicher noch in Barcelona ihr Glück versuchten, erstmals einige der *casetas* genannten Buden auf irgendeine Vorstadtbrache, die sozusagen die Hardware der sevillanischen *Feria* bilden. Als Software wären sodann a) die *muchachas* zu bezeichnen, die dort ihre *Flamenco*-Tanzkünste vorführen, b) das weitere humane Drum-und-Dran, das männlicherseits – ob toll oder bloß patschig – teils beritten auftritt; und c) der in Strömen fließende Alkohol, gewöhnlich in Form von Sherry, sprich *fino*. Nicht zu vergessen das durch diese Voraussetzungen gegebene Geschäker, das in Barcelona – wie glücklich auch immer – etwas früher als in Sevilla endet, nämlich spätestens um fünf Uhr früh.

Das ist Barcelonas Feria de Abril, ein Volksfest nach dem Vorbild der famosen Feria de Abril von Sevilla. Was damals mit vier Jahrmarktbuden begann, zieht heute im Lauf von zehn Tagen über drei Millionen Besucher an, mehrheitlich eben Immigranten aus Südspanien und ihre Nachfahren und Nachfahrinnen, Letztere herausgeputzt in allen Varianten zwischen Adidas-Latschen und andalusischer Tracht. In Sevilla gibt es an die tausend *casetas*: alle eher klein, alle gleich und die meisten sehr selektiv – Clans-Clubs im Grunde. In Barcelona sind es gerade mal deren sechzig: alle groß, alle für jedermann zugänglich, und jede wieder anders. Die Schwulen nannten die ihre McArena – nach der Virgen de la Macarena, der populärsten aller andalusischen Madonnen. Was an Barcelonas Feria hingegen nur als Travestie in Erscheinung tritt, sind die *señoritos*: die feinen Herrchen, die ihre Erhabenheit zu Pferd durch das bunte Treiben spazierenführen. In der katalanischen Emigration ist gewissermaßen eine soziale Utopie Wirklichkeit geworden: Es gibt nur noch Proleten. Anthropologen finden im Übrigen nichts Erstaunliches dabei, dass die Folklore in Emigrantenzirkeln wenn nicht reiner, so doch inniger bewahrt wird. So stammen ja auch einige der zurzeit interessantesten Flamencomusiker, Miguel Poveda etwa, aus Barcelonas Vorstadtgürtel.

Im Namen der Trümmer

Eine Debatte um spätmittelalterliche Ausgrabungen in Barcelona

Der Stadt Barcelona lässt sich schwerlich ein pingeliger Umgang mit ihrem Bauerbe nachsagen. So weit geht die Selbstgewissheit der Planer (und der Spekulanten), dass der Sanierung verschiedener Altstadtteile ganze mittelalterliche Gassenstrukturen geopfert wurden, ohne dass sich, außer in den betroffenen Vierteln, Opposition dagegen regte. Umso grotesker mutete die breite Front jener an, die die vollständige Erhaltung von Mauerresten aus dem 14. bis 17. Jahrhundert forderten, auf die man beim Umbau der Markthalle El Born gestoßen war. Kaum hatte man es nur mehr mit Relikten zu tun, nicht mit der sehr lebendigen und sehr wirklichen Altstadt, schlug die Selbstgewissheit um – in Selbstvergewisserung.

Dreißig Jahre lang war der Born leergestanden. Als die großartige Eisenkonstruktion, ein 1876 vollendeter Bau des Gaudí-Lehrers Fontseré, 1971 als städtischer Zentralmarkt ausgedient hatte, blieb sie – im Gegensatz zu Les Halles in Paris – dank einer Kampagne der Anwohner vor dem Abriss bewahrt und wurde wenig später sogar renoviert. Über eine neue Verwendung wurden sich die Behörden jedoch erst 1997 einig: El Born sollte zu einer vom Madrider Kulturministerium finanzierten Bibliothek umgebaut werden. Um ein Untergeschoss einzuziehen, erhielten die schlanken Eisenstützen neue Fundamente. Doch bei den Aushubarbeiten trat eine ältere Geschichte zutage, gleichsam die Vorvergangenheit des Quartiers, und es entbrannte die hitzigste städtische Debatte seit Jahren.

Denn was da unter den achttausend Quadratmetern des lichten Hallendachs ausgegraben wurde, waren die Überreste jenes Stadtteils, den Spaniens erster bourbonischer Herrscher, Philipp V., nach seinem Sieg im Spanischen Erbfolgekrieg zerstören ließ. Katalonien hatte sich damals auf die Seite des habsburgischen Thronanwärters geschlagen. In Erinnerung an die heroische Niederlage wurde dieses Datum, ausgerechnet, später zum katalanischen Nationalfeiertag bestimmt.

Philipp V. ließ, um das rebellische Barcelona unter Kontrolle zu halten, eine Festung errichten, deren Glacis das fragliche Viertel zu weichen hatte: an die tausend Häuser, die von den Bewohnern teils eigenhändig abgerissen werden mussten – ein Urbanizid der grausamsten Sorte. Die Zitadelle blieb, bis sie ihrerseits 1869 beseitigt werden konnte, ein Sinnbild der bourbonischen Despotie. Die Debatte um die Reste jenes Viertels und ihre Bedeutung brachte freilich auch einige Mythen des katalanischen Nationalismus ins Wanken. Denn anders als es katalanische Schulbücher heute predigen, nahm der Niedergang Barcelonas hier nicht seinen Anfang, sondern eher sein Ende: Mit der Jahreszahl 1714 ist auch der Untergang des feudalistischen Kataloniens und mittelfristig eine positive Wende in der Stadtgeschichte verbunden. So boshaft wird niemand sein, um – zumal es sich laut unverdächtigen historischen Quellen um das Elendsviertel der damaligen Stadt handelte – in der Zerstörung eine Vorwegnahme heutiger Stadtsanierungen zu sehen.

Doch nicht nur die Hüter des katalanischen Volksgeists, sondern Politiker und Intellektuelle jeglicher Couleur wurden angesichts der Ausgrabungen von einer wahren Ruinenbegeisterung ergriffen. Der Born, mokierte sich ein barcelonesischer Meinungsmacher, sei »ein Fall für Spezialisten in kollektiver Psychopathologie« – nur um dann gleichfalls für die Erhaltung der Trümmer zu plädieren. Deren archäologischer Wert ist jedoch insofern zu relativieren, als sowohl die Ereignisse von 1714 als auch der Stadtteil, der ihnen zum Opfer fiel, bereits jetzt hervorragend dokumentiert sind. Es mag Europas größte »Ausgrabungsstätte« sein – aber im strengen Wortsinn kann von einer solchen gar nicht gesprochen werden. Und eher lächerlich klingt, mochte auch der Alltag hier fast ebenso jäh unterbrochen werden, der oft gezogene Vergleich mit Pompeji. Doch bietet die komplette Landschaft aus gepflasterten Straßen, Wassergraben und Brücken, Häusern und mancherlei Gerät unter dem eleganten Dach des 19. Jahrhunderts zweifellos einen verblüffenden Anblick. Außerdem wurde nun, Jahre nach der öffentlichen Bekanntmachung des Projekts, auf einmal die Frage laut, ob ein Bau, dessen eigentliche Qualität in seiner Offenheit und Leichtigkeit liegt, überhaupt die geeignete Hülle für eine Bibliothek bilde: ob mit dem geplanten Umbau nicht auch der Fontseré-Halle Unrecht getan werde.

Wochenlang tobte der Meinungskampf. Sogar zwei vollständige Rattenskelette seien gefunden worden, rief hingerissen ein nationalistischer Historiker aus. Ja, vermutlich seien die Tiere von Philipp V. persönlich erschossen worden, feixte ein Kolumnist zurück. Und während der eine schon von dem »lieu de mémoire »schwärmte, in den sich der

Born verwandeln sollte, schauderte es den anderen bei der Vorstellung eines neuen »Themenparks des ewig gekränkten Kataloniens« anstelle der von vielen herbeigesehnten Bibliothek. Eine Mehrheit war sich indessen darüber einig, dass die »Fundstätte« keinesfalls angetastet werden dürfe,

Die ganze Heuchelei – oder ist es nur Dummheit? – wird deutlich, wenn man bedenkt, dass der Fund niemanden überraschen konnte. Zehn Jahre zuvor, beim Bau eines Parkhauses unmittelbar nebenan, waren ähnliche Überreste noch sang- und klanglos beseitigt worden. Wo waren damals die Archäologen und Historiker, die deren Bedeutung erkannten? Und warum unterließ man es in den dreißig Jahren, während derer die Halle in ihrer wunderbaren Leere vor sich hin dämmerte, einmal ein bisschen unter dem Asphalt zu scharren? Damals sei, argumentierte die Quartierbürgermeisterin, die »archäologische Sensibilität« noch nicht dieselbe gewesen. Für viele Anwohner, die mitansehen mussten, wie unsanft die Behörden in der Zwischenzeit mit der wirklichen Altstadt umgingen, sind solche Aussagen einfach ein Hohn. Und kopfschüttelnd nehmen sie zur Kenntnis, dass neben den banalen, eher in die Suburbia passenden neuen Wohnhäusern künftig auch noch eine unansehnliche Trümmerlandschaft das Quartier prägen soll. Aber politisch zahlt es sich nun einmal aus, die symbolträchtigen Ruinen über die lebendige und teils weiterhin zerfallende Altstadt zu stellen.

Der Berg, aus dem Barcelona gebaut ist

Montjuïc – ein Flickenteppich aus Gärten, Museen, Theatern, Stadien und einem Rest Wildnis

Steil, schrundig fällt er zum Meer ab. Die klassische Silhouette – Hintergrund des alten Hafens – wäre das naturgegebene Wahrzeichen Barcelonas, hätten nicht andere, aus seiner Gesteinsmasse errichtete Werke diese Rolle übernommen. Der Rücken des Montjuïc hingegen erstreckt sich sanft land-, vielmehr: stadteinwärts.

An der Nordflanke schmiegt sich, Häuserzeile um Häuserzeile, der Stadtteil Poblesec an seine Rockschöße. Armeleuteviertel par excellence, erlitt es im Spanischen Bürgerkrieg – als antifaschistische Hochburg, zudem in Hafennähe gelegen – die vielleicht grausamsten Bombardierungen, denen je zuvor eine Zivilbevölkerung ausgesetzt war: Experimentierfeld der Ju-52 für Coventry, London. Als es Jahrzehnte später in spießbürgerlicher Behaglichkeit zu versinken drohte, wurde es durch karibische und andere Immigranten, die heute ein Drittel seiner Bevölkerung ausmachen, zu neuem Leben erweckt. Gleichzeitig sorgte die fußgängerfreundliche Umgestaltung seiner Außenräume dafür, dass sich etwa der Carrer Blai in eine Promenade voll charmanter Straßenlokale verwandelt hat.

Schön ist es auch, am Sonntag Mittag am Rand eines staubigen Fußballfelds, oberhalb des romantischen Stundenhotels an der letzten bebauten Ecke des Carrer Nou, unverhofft dem Länderspiel Ecuador-Peru beizuwohnen. Die Pakistani haben für ihre Kricketpartien gleichfalls geeignete Plätze auf diesem Bergbuckel gefunden. Und nachts um drei grüßt mich Sergei, der weißrussische Pförtner des Mau-Mau-Klubs, mit seinem melancholischen Blick, der mindestens so ewig ist wie die drei Hochkamine, die als Wahrzeichen des Paralelo erhalten geblieben sind – jener breiten Avenue, die das Poblesec stadtseitig begrenzt und die auf dem Breitenkreis 41°22'30" theoretisch den ganzen Erdball umläuft, um wieder in sich selbst zu münden.

Auf der gegenüberliegenden Seite, im Südwesten, zerläuft der Montjuïc ins Delta des Río Llobregat. Hinter der Zona Franca – der immensen Industriezone, in der die Geometrien des Hafens in die Horizontale kilometerweit sich hinziehender Fabrik- und Lagerhallen übergehen – glimmen die Landepisten des Flughafens. Man erkennt sie vom Kastell aus, auf dem Scheitelpunkt des Berges, hundertsiebzig Meter über dem Meer. Dumpf dringt der Lärm der Ladekrane und der Küstenautobahn herauf; Containerketten erstrecken sich, wie Zugkompositionen, fast bis zur Kolumbussäule am Ende der Ramblas. Schwindelerregender ist das Häusermeer, in dem der Montjuïc wie eine grüne Insel liegt. Nur dass diese so grün nicht mehr ist: Berg und zugleich Stadtraum – einerseits die letzte Wildnis inmitten der Metropole, andererseits durchgestaltet und gespickt mit von Menschenhand geschaffenen Attraktionen. Deren neunundsechzig, vom Leuchtturm bis zum Olympiastadion, zählt der entsprechende Führer auf. Er lässt natürlich auch das Castillo nicht unerwähnt, jene düstere Festung, von der aus das rebellische Barcelona von der Madrider Zentralmacht seit 1751 unter Kontrolle gehalten wurde, und in deren Torgraben, nebst unzähligen anderen, 1940 der Präsident der katalanischen *Generalitat*, Lluis Companys, exekutiert wurde. Nach jahrelangem Hin und Her hat das Verteidigungsministerium die Hoheit über dieses verhasste Symbol der Unterdrückung, in dem bis heute ein sinistres Militärmuseum untergebracht ist, der Stadt überlassen.

Der Montjuïc ist von allen Seiten auf so diverse und doch meist prekäre Weise zugänglich, dass seine Erschließung ein Kapitel für sich verdiente. Vom Hafen schräg ansteigend und gesäumt von hohen Palmen, beschreibt eine der hinreißendsten Straßen der Stadt – die Carretera de Miramar – die perfekteste Haarnadelkurve der Welt um einen ebenso fabelhaften Kaktusgarten. Wo sie nun in einem Tunnel verschwindet, hat man nach langen Diskussionen Spaniens erstes Fernsehstudio in ein Luxushotel um- und ausgebaut. Das Belvedere davor geht in den neu terrassierten Parc de la Primavera über, unter dem das »Refugi 307« liegt – das einzige der unzähligen, 1936 bis 1939 in aller Eile gebohrten Luftschutzlabyrinthe, das heute besucht werden kann.

Etwas weiter bergauf wurde in der Hangkante ein Schwimmstadion angelegt, das bei den Olympischen Spielen 1992 durch die über dem Dächermeer wirbelnden Turmspringer vorübergehend zur TV-Ikone wurde. Noch verrücktere Darbietungen bieten heute mitunter die Ballett-Ensembles, die an Barcelonas »Dies de Dansa« hier auftreten. Einige Schritte weiter erreicht man die »Talstation« der auf den Gipfel führenden Drahtseilbahn. Mit dem eigentlichen Tal – dem Paralelo – ist sie durch einen U-Bahn-Zweig verbunden. Der andere *Teleférico*, der den Montjuïc mit der Barceloneta verbindet, ist mit seinen über den alten Hafen gondelnden Kabinen ein klassisches barcelonesisches Postkartensujet: kein besonders praktisches Verkehrsmittel, das mit seiner Zwischenstation auf dem Moll de Barcelona und der Endstation am Strand aber immerhin zwei gerade in ihrer Gegensätzlichkeit bemerkenswerte, hundertsieben beziehungsweise achtundsiebzig Meter hohe Stahlbauwerke hervorgebracht hat. (Beide stammen aus dem Jahr 1931, und inzwischen machen ihnen zwei weniger geliebte Hochbauten Konkurrenz: das schon auf der Mole seekrank machende WTC von Pei/Cobb und das Hotel Vela von Ricardo Bofill, die beide eher zu Dubai als zu Barcelona passen.)

Man weiß heute, dass der Montjuïc erst von den Iberern, dann von den Römern besiedelt war, noch bevor diese die eigentliche Stadtgeschichte mit der Gründung von Barcino einleiteten. Die Römer waren es auch, die hier die ersten Steinbrüche anlegten. Aus dem grauen, seltener gelblich oder rosa getönten Montjuïc-Sandstein sollten hinfort zahllose Bauwerke Barcelonas errichtet werden, von Santa María del Mar bis zur Sagrada Familia. Man hat errechnet, dass annähernd ein Zehntel der Gesteinsmasse des Berges in Stadt verwandelt wurde. Im späten 19. Jahrhundert waren fünfundzwanzig Steinbrüche gleichzeitig in Betrieb; 1957 wurde der letzte davon geschlossen. Einige wurden hierauf zunächst als Abfallhalden genutzt. Der Erdrutsch von 1971, der in Wirklichkeit ein Müllrutsch war, ist vielen Barcelonesen noch in unguter Erinnerung. Andere Steinbrüche fanden glücklichere Verwendung: Das Teatre Grec etwa, eine 1929 eröffnete Freilichtbühne vor einer rohen Felswand, ist Schauplatz der gleichnamigen barcelonesischen Sommerfestspiele. Von Gärten umgeben, ist es einer jener traumhaft schönen Orte, die die Stadt als selbstverständliche Exquisitesse zu begreifen scheint.

Ein glanzloseres, aber umso ergreifenderes Amphitheater ist das Massengrab El Fossar de la Pedrera. Hier sind teils anonyme Bürgerkriegsopfer bestattet, aber auch der schon erwähnte von Franco hingerichtete Präsident der katalanischen Regierung. Der erst 1986 geschaffene Gedenkort schließt unmittelbar an den hundert Jahre zuvor eröffneten Cementerio de Montjuïc an, einen der unwahrscheinlichsten Friedhöfe der Welt. Nicht der hier bestatteten Größen wegen – außer Durruti und Miró sind wenige über die Landesgrenzen hinaus bekannt –, sondern weil diese Nekropolis durch ihre Lage und Anlage am Steilhang über dem Hafen einzigartig ist. Wie oft habe ich auf dem Weg zum Flughafen das Bild der vorbeiflirrenden steinernen Waben, dem auf der anderen Seite der Autobahn die Silos und Kräne des Hafens gegenüberstehen, als Letztes der Stadt mitgenommen. Einzuflechten ist hier, dass sich der Name des Berges vermutlich von einem mittelalterlichen jüdischen Friedhof herleitet: Monte Judaico.

Richtig zum Leben erwachte der Berg erst im 20. Jahrhundert. Ab 1913 wurde der monumentale Zugang von der Plaça de Espanya aus geschaffen, mit seinen venezianischen Türmen und dem farbstrotzenden Wasserspiel der Font Mágica als Zentrum. Eine monumentale Treppenanlage, 1992 durch Rolltreppen ergänzt, führt hinauf zum Palau Nacional, heute Museu Nacional de Catalunya (MNAC). Es gehört zu den Paradoxa Barcelonas, dass es Mitte der achtziger Jahre die Renovierung dieses schon bei seiner Entstehung hoffnungslos

antiquierten, aber im Stadtbild prominenten Protz-
baus einleitete und fast gleichzeitig den deutschen
Pavillon von Mies van der Rohe neu errichtete. Zwei
gegensätzlichere Gebilde sind kaum denkbar. Beide
waren für die Weltausstellung 1929 als bloß tempo-
räre Architekturen geplant worden. Mies van der
Rohes berühmtes Präzisionsspiel horizontaler und
vertikaler Flächen wurde abgeräumt und ein halbes
Jahrhundert später nachgebaut; der Palau Nacional
blieb stehen, um unendlich aufwendiger und lang-
wieriger zu Kataloniens Louvre oder Prado aufge-
donnert zu werden.

So ist nun die Sala Oval – ein stützenfreies Sta-
dion im Inneren von dazumal unübertroffenen Dimensionen – wieder nutzbar, damit hier etwa die
Deutsche Bank ihren Kadern mitten im finanziellen
Sturzflug ein Privatkonzert der Rolling Stones of-
ferieren kann. Schade ist es aber doch um die einst
so elegante Präsentation der romanischen Fresken,
die Katalonien als seinen wertvollsten Kunstschatz
erachtet und die – ab 1930 aus seinen Dorfkirchen
hierher überführt – in den apparatösen Einbauten
Gae Aulentis jeglichen Zauber verloren haben (der-
selben Architektin, die schon im Musée d'Orsay das
französische 19. Jahrhundert fast um die Ecke gebracht hat). An Kunstsammlungen unendlich viel
ärmer als Paris, hat Barcelona mit deren Absorbie-
rung durch ein pathetisches »Nationalmuseum«
zudem gleich drei seiner speziellsten Pinakotheken
erledigt: das Museo de Arte Moderno, das auf seinen knarrenden Holzböden die keineswegs zu ver-
achtenden katalanischen Meister des 19. Jahrhunderts – Fortuny, Nonell, Casas – beherbergt hatte;
die der Stadt von der Stiftung Thyssen überlassenen
und im Kloster Pedralbes wunderbar untergebrach-

ten Werke; und schließlich die Colección Cambó, Kataloniens einzige bedeutende Sammlung alter Meister. So gesehen ist das MNAC eine nachgerade kriminelle Institution, und wenn außer einigen temporären Ausstellungen etwas darüber hinwegtrösten kann, dann seine halluzinogene Sammlung gotischer Malerei.

Barcelonas zur Vernunft neigende Seite machte aus den weiteren Überbleibseln der Weltausstellung 1929, die an der von der Plaça de Espanya bergauf führenden Achse liegen, sein Messegelände: die »Fira I«. Die »Fira II« begann ab 1995 weiter westlich, Richtung Flughafen, ein Gelände zu überwuchern, auf dem es lange nicht viel mehr als Autofriedhöfe, Kohlehalden und ein Kaff gegeben hatte, das seit Generationen von Barcelonas Müllmännern bewohnt war. Einst war der Unrat der Stadt zu einem guten Teil von deren in diesem Winkel im Delta del Llobregat gehaltenen Schweinen vertilgt worden. Später wurde ein Tal im Garraf, dem südlich an Barcelona anschließenden Gebirge, mit dem metropolitanen Abfall gefüllt: zwanzig Millionen Tonnen in dreißig Jahren. Eine Menge, so unvorstellbar wie der Gestank, der einem hier entgegenschlug – und so unwahrscheinlich wie die Jungfräulichkeit dieser kaum zwanzig Kilometer von Barcelona entfernten Gegend. Außer der Müllhalde und einem buddhistischen Kloster auf dem Landgut eines in Amerika reich gewordenen Kolonialisten gibt es hier nichts. Die Müllhalde wurde endlich 2006 geschlossen und landschaftsarchitektonisch wie geophysisch befähigten Händen anvertraut. Fein abgestufte Terrassen über zwanzig Millionen Tonnen Müll sind jedoch vermutlich leichter anzulegen, als die fortdauernde Verseuchung des Bodens bis an die Küste zu verhindern.

Die ärmlichen Gemäuer, vor denen jeden Abend mehrere Hundert Kehrichtwagen Richtung Barcelona starteten, gibt es nicht mehr; an dieser Strecke ist auch kein alter Peugeot mehr zu verschrotten, wie ich es noch 1984 getan habe. Wie ein Naturereignis – ein kapitalistisches Naturereignis – hat später ein blaues Schiff von Ikea hier angedockt, daneben legte ein Shoppingcenter an; Richard Rogers baute einen Hotelturm, auf dessen Dach ein Starkoch in einer per Helikopter eingeflogenen Kuppel seine Gäste über die weiterhin nebenan liegenden brutalistischen Wohnscheiben von Bellvitge hinwegsehen lässt, und schließlich gab der japanische Architekt Toyo Ito schräg vis-à-vis dem nach Mailand größten Messegelände Südeuropas den nötigen Feinschliff. Im Übrigen sind auch die zwei von Ito entworfenen Wolkenkratzer nur Teil einer Überbauung, die nun wie ein modernes Stonehenge – das dem Masterplaner Viaplana vorschwebte – Barcelonas einst so charmant schäbige Einfallachse vom Flughafen prägt. Die schmalfenstrigen Farbklötze der fast eine Milliarde Euro teuren »Ciutat de la Justicia« von David Chipperfield, in der Barcelonas Rechtswesen zentralisiert wurde, wären der nächste Blickfang; bloß dass man von ihr genauso wenig sieht wie von der zuvor erwähnten Plaça de Europa. Denn während die Oberfläche so entzückend bestückt wurde, hat man die Autobahn – so wie es in Barcelona gute Sitte ist – weitgehend in den Untergrund verlegt.

Man taucht frühestens an der Plaça de Espanya wieder auf, wo Richard Rogers den Stierkampfplatz Las Arenas mit erheblichem ingenieurtechnischen Aufwand in ein Kommerzzentrum verwandelt hat. Eine ähnlich delikate Operation – nämlich neue Unter- und Erdgeschosse unter bestehende, feinst geschichtete Ziegelstrukturen zu ziehen – glückte einige Jahre zuvor schon, unweit von hier, bei der »Casaramona«, einer der schönsten Textilfabriken Barcelonas, 1911 von Puig i Cadafalch entworfen. Sie liegt gleich gegenüber von Mies' Pavillon und nimmt nun das CaixaForum auf, das meistbesuchte Kulturzentrum der Stadt.

Denn welch außergewöhnliches Bauwerk da am Fuß des Montjuïc als Polizeikaserne zerbröckelte, entging »la Caixa« nicht, der allgegenwärtigen Sparkasse, die freilich auch an mehreren Energiekonzernen und anderen spanischen Wirtschaftsgiganten beteiligt ist und sich nebenbei eine der bestdotierten Stiftungen der Welt leistet. Ihre Sammlung zeitgenössischer Kunst hat in Spanien nicht ihresgleichen.

Daneben nimmt sich die Fundació Miró, die andere der Gegenwartskunst verpflichtete Institution auf dem Montjuïc, eher bescheiden aus. Doch mit der Erwähnung dieses sehr mediterranen Baus von Sert aus den siebziger Jahren sind wir bereits zu weit bergauf gerückt. Die Urbanisierung des frühen 20. Jahrhunderts birgt noch andere Überraschungen.

Da ist zum Beispiel das Poble Espanyol: noch ein Disneyland avant la lettre, das Spaniens regionale Baustile im Maßstab 1:1 in einem künstlichen Dorf möglichst harmonisch nachstellt und heute einige populäre Nachtklubs beherbergt. Oder jene anderen, gleichfalls um einen Platz gruppierten Bauten, die nun die Ciutat del Teatre bilden, Barcelonas mit fünf oder sechs Bühnen und einer elfgeschossigen Theaterschule wichtigstes Zentrum der szenischen Künste. Peter Brook hatte hier 1983 ein leerstehendes Gebäude, den einstigen Blumengroßmarkt, erstmals für die Aufführung seines »Mahabharata« genutzt. Später kam zum Mercat de les Flors, der sich heute vor allem des Balletts annimmt, jenes Haus – das Teatre Lliure –, das trotz der Konkurrenz durch das Teatre Nacional und das von Calixto Bieito geleitete Teatre Romea für die Theaterszene Barcelonas maßgeblich geblieben ist.

Auf die Gefahr hin, die eine oder andere Landmarke übergangen zu haben – das Ethnologische und das Archäologische Museum etwa –, wenden wir uns nun der Natur zu. Denn gleichzeitig mit der Urbanisierung wurden die ersten Gärten auf dem bislang wild wuchernden Berg angelegt. Die herausragende Figur war dabei der französische Landschaftsarchitekt Jean-Claude Nicolas Forestier, Schöpfer des Bois de Boulogne und seines berühmten Rosengartens. Nachdem er in Buenos Aires weitere Erfahrungen gesammelt hatte, machte er auf dem Montjuïc unter anderem den *ombú*, die *tipa* und die *jacarandá* heimisch. Heute bilden zweiundzwanzig nach Pflanzenarten oft sehr verschiedene Gärten einen Flickenteppich, der sich über den ganzen Berg erstreckt und an botanischer Vielfalt jede natürliche Landschaft weit übertrifft. Namentlich genannt seien (nach dem hafenseitigen Kaktusgarten) bloß deren zwei: der zauberhafte Park, der den Palacio de Albéniz umgibt, die offizielle barcelonesische Residenz des spanischen Königs, sowie der Jardín Botánico. Hinter dem Olympiastadion und Arato Isozakis Sport-, heute öfter Konzertpalast Sant Jordi ziehen sich seine dreieckigen Geometrien hinauf bis zur Rückseite des Friedhofs: ein landschaftsarchitektonisches Meisterstück, Ende der neunziger Jahre von einem Team angelegt, das der Architekt Carlos Ferrater und die Landschaftsarchitektin Bet Figueras leiteten.

Noch vierzig Jahre zuvor war dieser ganze Berg-
rücken von Hüttensiedlungen überzogen, in denen
ungefähr dreißigtausend Menschen lebten: Einwanderer, in deren »Bidonville« es weder an Bars noch
an anderen improvisierten Einrichtungen fehlte, und
die sogar eine eigene Zeitschrift herausgaben. Ihr
selbst gefertigter »Stadtplan« ist ein rührendes Zeugnis dafür, wie sich die in Barcelona ihr Glück suchen-
den Südspanier und Zigeuner zu helfen wussten.
Im spanischen Filmklassiker »Los Tarantos« (1962)
nimmt ihre Lebewelt fast mythische Züge an.

Von ihren Hütten bleibt auf dem nachmals
olympischen Berg keine Spur; allenfalls hausen
hier heute einige obdachlose Immigranten in von
ihren Besitzern verlassenen Autos. Der Stadtverwaltung nicht genehm ist auch der Straßenstrich
ausgerechnet auf dem (mit dem Auto befahrbaren)
Friedhof Montjuïc. Im Übrigen aber trifft man vor
allem auf Sportler aller Art: Da gibt es Rugby- und
Baseballanlagen, ein einsamer Bogenschütze übt im
Burggraben, in der Foixarda haben Reiter ihre Stal-
lungen, und in einem alten Steinbruch erblickt man
plötzlich Bergsteiger, die eine Felswand erklimmen.
Einst wurde hier sogar der Grand Prix von Spanien
ausgetragen – bis der deutsche Pilot Rolf Stomme-
len 1975 auf dem abschüssigen Streckenabschnitt
zur Font del Gat in die Zuschauer raste. Fünf von
ihnen wurden getötet; es war der letzte derartige
Unfall in der Formel 1.

Die im Hinblick auf die Olympischen Spiele 1992
unternommene Umgestaltung des Berges brachte
neben der Erneuerung des Stadions, das ursprünglich für die dann an Berlin vergebenen Spiele 1936
gebaut worden war, eine Reihe weiterer Sportanlagen und den schiefen, technisch überflüssigen

Funkturm von Santiago Calatrava hervor. (Nützlicher und wesentlich eleganter ist Norman Fosters filigrane Torre de Collserola auf Barcelonas anderem Hausberg.) Seither ist das »zerstückelte Amphitheater der Sehnsüchte einer Bourgeoisie«, wie der Dichter Jaime Gil de Biedma den Montjuïc nannte, immer ärmer an jenen verwunschenen Orten geworden, die einst zu seiner Mixtur gehörten. Einen Rest Wildnis aber wird ihm auch die entschlossenste Urbanisierung wohl nie auszutreiben vermögen.

Die zerstreute Stadt

Periphernalia aus dem Llobregat-Delta

1988 / Autovía de Castelldefels. Achtzehn Kilometer südwestlich von Barcelonas dicht bebautem Stadtgebiet erreicht man Castelldefels. Ein angenehmer Ort: Strände, so weit das Auge reicht; menschenleer bis auf einige Halbwüchsige, die sich bei einem *chiringuito*, wie die Strandbars heißen, an der Wintersonne wärmen. Von Betonwänden blättern Delial-Reklamen, daneben die Spirale einer Wasserrutschbahn: Gerippe des Sommerdusels. Im August könnte man hier einen Lachkrampf bekommen, so verspielt wirkt alles, so albern muten Playafels und sein Strandzubehör an: ein zähnebleckender Wal, Familiendramolette hinter farbigen Balkongeländern und jene ambulanten Verkäufer, die ihre Ware krächzend quer durch das nackte Volk austragen: »¡Hay heladooo! ¡Hay agüita fresquita!« Jetzt ist es still, bis auf den Lärm von der Anflugschneise zum nahen Flughafen, überdröhnend das bisschen Geschepper aus den Lautsprechern der Strandbar; Aerosmith, identifizieren es die Jugendlichen. Herb Alpert and the Tijuana Brass würden besser passen.

Nicht das Drehbuch, aber das meiste Mobiliar zu dieser Szene stammt aus den sechziger Jahren. Auf der Anfahrt lässt man Fleiß und Industrie hinter sich: die eisernen Fransen zwischen Stadtrand und Strand. Tankt bei Kilometer 10,5 sein Auto auf, exakt in der Flucht der Startbahn, mitten in der mit verwitterten Anschlagtafeln vollgestellten Ebe-

119

ne. Dann wechselt die Botschaft, andere Zeichen besetzen die Landschaft: eine Kartbahn, Caravan-händler, karibische Nachtklubs und Bordelle unter Pinienhainen ziehen vorbei. Neben der Autobahn zappeln leibhafte Kinder in der Luft: ein Trampolin. Irgendwo soll es noch ein zerfallenes Drive-in-Kino geben. Amerika stand Pate, als diese Landschaft gebaut wurde. Die C-246 war Spaniens erste Autobahn: Traumroute des Familienoberhaupts, das seine Lieben im neuen Seat 600 schräg durch das Delta des Llobregat zum Strand pilotierte.

1994/POVERTY! PROSPERITY! AND POVERTY AGAIN! Die *Autovía* strahlt noch heute einen Hauch jenes schüchternen Aufbruchs in den Wohlstand aus, der einen Hauch Malibu – mit einem B-Series-Budget freilich – in Francos Land der Schwarzröcke brachte. Als Hintergrund, fern schon, der rosige Kranz der Vorstädte, bevölkert von den in der katalanischen Industrie dienenden Emigranten aus dem Süden, für die zwischen 1960 und 1975 jährlich Zehntau-sende von Wohnungen aus dem Boden gestampft wurden. Die ersten Seat 600 rollten gleich nebenan, in der *Zona Franca*, vom Band: nationales Symbol für eine wirtschaftliche Aufholjagd, deren zweite Etappe im Koller der frühen neunziger Jahre endete. Der Entscheid, die Seat *Zona Franca* zu schließen, fiel 1994 nicht in Barcelona, sondern in Wolfsburg; und wenn Volkswagen auch kurz zuvor in Martorell, zwanzig Kilometer flussaufwärts, eine hochmoder-ne Produktionsanlage in Betrieb genommen hatte, so besiegelte dieses Aus – ebenso wie die erste Mil-lion Seat 600 eine gewisse Prosperität signalisiert hatte – doch eine ganze Epoche: die Bonanza der achtziger Jahre. Die Autohalden, die man im Vorbeifahren sieht, geben ja zu doppelter Hoffnungslosigkeit Anlass: entweder sind diese Fahrzeuge nicht zu verkaufen, ergo hält die Krise an; oder der Aufschwung spuckt sie zu allem Überfluss auch noch auf die Straßen aus.

Die Werbung hat nicht einmal unrecht, wenn sie das Auto als letztes Mittel anpreist, das heute noch Abenteuer möglich macht. Nur sind sie in Wirklichkeit meist ganz anderer Art als vorgesehen und gewöhnlich Leuten vorbehalten, die gerade keine fabrikneuen Autos fahren, sondern mit ihren Klapperkisten in den Pyrenäen in Schneestürme geraten, gleichzeitig Achsbruch erleiden und so weiter.

Um auf die *Autovía* zurückzusteuern: Dort manifestierte sich der motorisierte Kampfgeist einst in Gestalt einer Coca-Cola-Flasche, die bei Tempo hundertzwanzig von der Nebenspur auf uns zuflog, weil der Fahrer dort – unser Fehler, zugegeben – ein bisschen hatte abbremsen müssen. Furchterregender, da die Regel, ist der disziplinierte Arbeitsverkehr, der beulenfreie Morgenpulk: je ein Männchen oder eine Mamsell mit gehobener Kaufkraft unterwegs im Kraftfahrzeug, ferne Abkömmlinge jener herzerschütternden *Seiscientos*-Piloten, darunter erschreckend viele Vierradantriebtäter – man möge entschuldigen, dass wir unsere besondere Abneigung gegen die letztgenannte Sorte nicht verhehlen, zumal gerade auch das erfolgreiche Modell, das den Namen Patrol trägt, hier im Delta des Llobregat hergestellt wird.

Jedes Ding hat seine Form und seine Geschichte, die sich mit anderen kreuzt. Je länger man diese Landschaft betrachtet, desto zeichenhafter wirken ihre Bestandteile: von den fensterlosen, strengsilbernen Fertigungshallen der Nissan-Fabrik bis zu den

Kürbissen, die hinter einem Staketenzaun auf der morastigen Krume ausgestreut liegen: nicht viele, aber vielerlei. Kaleidoskopisch, ein Kontinuum des Zerrissenen, scheint das Delta eine Vorwegnahme der kommenden diffusen Urbanität. Mehr noch: der Tropf, an dem die Stadt hängt.

1998 / ABSTECHER. Ein halbes Dutzend *rondas* und *patas* und *autopistas* schlingen sich um den Unterlauf des Llobregat, wo noch vor einigen Jahren lediglich die C-246 das Delta durchquert hat; und es werden mehr werden. Als sei die Gegend nur dafür geschaffen, mutet sie jetzt schon wie ein reines Verkehrsnetz an: Flugzeugbäuche senken sich hernieder. Schemen von Pendlergesichtern wischen im Vorortzug vorbei. Eine Ferry aus Palma schiebt sich dem Rompeolas entlang. Die beiden Fernmeldetürme – Fosters Nadel und Calatravas Stachel: Filigran und Pompier – skandieren den Horizont. Die Dichte der Stadt hat sich in einen Schleier von Bewegungen aufgelöst: Elemente des Zufälligen, Ephemeren, Mutablen. Die *Autovía* selbst ist ein Beispiel dafür: Sie wurde mit ferngesteuerten, im Asphalt versenkten Lichtklappen versehen, um bei Bedarf eine Zusatzspur auf der Gegenfahrbahn zu schaffen. Dann biegt man irgendwo ab, landeinwärts oder Richtung Strand, und vom Verkehr bleiben nur Startgeheul und Landungsdonner; hin und wieder ein Radfahrer.

Zwei Zigeunerinnen, je einen Bund Krautstiele unter dem Arm, schlappten in Hausschuhen und wattierten Morgenröcken über den Schotterweg. Ein Schäfer führte seine Herde, unbekümmert um den Bleigehalt des Grases, durch die Cabasses. Ein Bauer lud Kisten mit Artischocken in seine Fourgonette, breitete die Arme aus, um zu zeigen, wie große Wassermelonen hier früher geerntet wurden. Hinter einer Mauer schwebte ein Container mit der Aufschrift »Linea Mexicana« durch die Luft. In einem anderen Container, auf einem Stellplatz für Lastwagenanhänger, wohnte ein altes Paar; sie hielten sich eine Ziege, und der Mann passte auf das Altpneulager nebenan auf. Über einem Ziehbrunnen pfeilte ein Flugzeug steil hinauf: Es war Sonntag, die Maschinen starteten fast ohne Passagiere. Auf einem Zaun saß ein halbschlauer Junge, man durfte an Faulkner denken. Und an den Suez-Kanal: angesichts der Reihe der auf der Reede liegenden Frachter.

Es war dieses Nebeneinander von Fragmenten, die disperse Dichte, die aus dem Delta eines unserer Lieblingsquartiere machte. Wildenten flatterten hinter dem Schilfgestade auf. Weiße Papierpacken lagerten an einer offenen Kreuzung, irgendwo im Kapillarsystem der Wege. Eine Hure an der *Autovía* rasselte ungefragt ihre Preisliste herunter. Ein Soldat trat aus einem Wachlokal und verwehrte uns freundlich, aber bestimmt die Weiterfahrt (von der Existenz dieses Luftwaffenstützpunkts hatten wir noch nie gehört). Sperrzone, Schonbezirk. Eine Reiterin erzählte von den Karpfen in den Ricarda-Tümpeln; von einem Fischreiher, der Fliegen vom Rücken ihres Pferdes fraß; von einer blaupfotigen Hühnerrasse, *pates blaves*, die auf den Tellern von Drei-Sterne-Restaurants enden, und vom Männerstrich in der Podrida: So heißt das Strandstück, das durch die Flussverlegung verschwinden wird. Weiter südlich ist die alte Kaserne, einst Hauptquartier der Küstenpolizei, fast nur zu Pferd zu erreichen. Sie wird nun abgerissen; denn das Gespür dafür, dass eine nutzlose Ruine in den Sümpfen für die Happy Few eine Art Heiligtum werden kann, gehört nicht in die Kompetenz der Behörden.

2004 / WAHRZEICHEN. Das eine architektonische Paradigma in dieser Landschaft ist der Turm: Kontrolltürme, Silos, Portalkräne, Hochspannungsmasten; verschwunden sind neuerdings die Eingangstürme und Torbogen zu den Campingplätzen mit ihren Frohsinn verheißenden Namen: Cala Gogo, La Ballena Alegre, El Toro Bravo. Als neugieriger Besucher hatte man dort ohnehin das Gefühl, unbefugt in ein mediterranes Pendant zu einem Tomsk-2 eingedrungen zu sein, in eine schauerliche Geheimstadt. Das Prinzip der Garden City, auf sein Minimum reduziert: Parzellen von fünf auf sieben Meter, auf die man seinen Wohnwagen oder sein mobiles Heim pflanzte. Von mobil konnte allerdings keine Rede sein; vielmehr waren diese Campingplätze ein groteskes Spiegelbild der spanischen Manie, sich einzukaufen, einzumauern, möglichst lebenslänglich. Laube für Laube, Hag für Hag mit den Attributen des Eigenheims geschmückt, glich das Ganze einem ausgewalzten Wohnblock und gehörte als dessen platte Parodie zur anderen architektonischen Grundform im Delta: den sich duckenden, irrlichternden, die Horizontale widerspiegelnden Bautypen, wie sie traditionell der Gutshof, der Landsitz repräsentieren, und heute natürlich Tankstellen, Einkaufszentren, Hangars, Werkhallen; auch die Villa Ricarda, ein Meisterwerk der katalanischen Nachkriegsarchitektur, heute verlassen, da unmittelbar unter der Anflugschneise des Flughafens gelegen, oder – am anderen Ende der sozialen Stufenleiter – die *chabola*, die selbst gezimmerte Hütte. Eine

Hybridform sind die Reklameschilder: Horizontale in der Vertikale.

2009 / WAS WAHR WURDE. Das Delta war Barcelonas Gemüsegarten. Le Corbusier und seine katalanischen Adepten hatten freilich schon vor 1930 erkannt, dass seine Strände auch zur leicht erreichbaren Freizeitstadt taugten. Später nach anderen Kriterien verwirklicht, sind die Pinienwälder von Castelldefels eine Art Traumlandschaft geblieben. In den darunter sich duckenden Villen leben heute etwa die Starfußballer des FC Barcelona. Im Hintergrund zieht sich der Kranz der Vorstädte entlang, die der Leere des Deltas zwar – wie der in seiner Mitte liegende Airport – immer weitere Streifen abgewonnen, aber den letzten Kürbiszüchter noch nicht vertrieben haben. Die Mündung des Río Llobregat wurde nach Süden verlegt, der neu gewonnene Raum umgehend mit neuen Logistikzentren überbaut, und gleich davor der Ausbau des Hafens durch enorme neue Molen weiterbetrieben.

Auf Klappstühlen an der *Autovía* warten mehr Prostituierte denn je auf Kundschaft, seit die Luxusbordelle von Castelldefels (vorübergehend?) geschlossen wurden. (Auch der Ballsaal La Paloma in der Altstadt, den man in seiner rosigen Pracht für unsterblich hielt, ist aus administrativen Gründen seit Längerem zugesperrt.) Über diverse andere Autobahnschlingen erreicht man den 2009 eröffneten neuen Terminal des Flughafens, auf dem nun jährlich fast sechzig Millionen Passagiere abgefertigt werden können, dessen Auslastung nach der binnen zehn Jahren erreichten Verdoppelung auf dreißig Millionen allerdings bei Spaniens gegenwärtiger Wirtschaftslage auf sich warten lassen dürfte.

Der Rausch der Vernunft

Das urbanistische Gen

Jeden Herbst geschieht in Barcelona ein Wunder. Von Nuancen abgesehen, ist es immer dasselbe Wunder, und es ereignet sich gewöhnlich an einem Montag Ende September. Für ein Wunder ist es allerdings erstaunlich ausdauernd, denn bis in den folgenden Juli wiederholt es sich ein ums andere Mal. Nur Sonn- und Feiertage, außerdem den August scheint es für seine mitunter tumultuösen Auftritte zu meiden. Darum halten es viele Leute, und sie haben sicher recht, für etwas ziemlich Normales, wenn nicht schlicht für den barcelonesischen Alltag (oder die barcelonesische Allnacht).

Was ist es denn, was einige dafür empfängliche Seelen jeden Herbst in solche Aufregung versetzt? Es ist die Heimkehr der Stadt zu sich selbst, nach dem sommerlichen Exodus, dem Sud der Hundstage, in dem ihre Lebensgeister, die tausendfältige mirakulöse Betriebsamkeit, wochenlang weichgekocht wurden und sich auflösten in jenen grotesken Brei, genannt Tourismus, der sich durch ihre Straßen wälzte. Um so unwiderstehlicher ist dann die barcelonesische Rückkunft, dieser Exzess urbaner Normalität, normaler Urbanität. Ein Wunder? Eine Gnade? Jedenfalls hat sie etwas Berauschendes.

Ihren Grund hat diese Heftigkeit des Stadterlebens in einer Eigenart, die man leicht schon auf *Google Earth* erkennt: Es ist die Kompaktheit der Stadt. Formgesetz, Paragraph 1, war hier von jeher

Verdichtung. »Darum fühlen sich ja«, kalauerte ein deutscher Architekt, »in Barcelona so viele Leute zu Hause, die selbst nicht ganz dicht sind.« Gewiss, die meisten *barrios* bilden so engmaschige, eigenartige und vollständige Lebenswelten, dass darin auch ein Stadtstreicher nicht leicht untergeht. »Toma, Manolo«, murmelt die Barkellnerin und schiebt Manolo sein zehntausendstes Bier hin. Verdichtung aber ist nicht Sache deutscher Dichter, noch Architekten. Eben darum irren durch das weitläufige Berlin noch viel mehr Wahnsinnige, Lumpenproleten oder durch die zu weit geöffneten Maschen von Hartz IV gestürzte Menschen als in Barcelona. Das Prekariat, wie es so schön genannt wird, ist im Norden vermutlich in einer prekäreren Lage als am Mittelmeer. Wobei natürlich auch das Klima mitspielt; der Kiez mag kalt sein, aber das *barrio* verbreitet auch nicht nur Wärme.

Wie viele solcher *barrios* es gibt? Ich würde sagen: zweiundvierzig. Das ist die Zahl der städtischen Markthallen, und jedem Stadtteil steht eine davon zu – in der Peripherie sind es noch einmal so viele. Sie bilden Europas mutmaßlich vernünftigstes, am besten strukturiertes Versorgungsnetz, und es finden sich darunter einige architektonische Kostbarkeiten, mit denen es die von durchreisenden Gaffern verrammelte »Boquería« an den Ramblas nur aufnehmen kann, weil sie immer noch das reichhaltigste Angebot hat. Dieses Einkaufserlebnis ist so ziemlich das Gegenteil des Erlebniseinkaufs in einer Shoppingmall: Palaver, Getändel, Gerüche – die Stadt noch einmal, geballter denn je. Ich gehe oft zum Markt und hole mir einen Rochen und vielleicht noch ein paar Suppenknochen, bloß um meinen Trübsinn zu vertreiben. Auf Jugendliche übt wohl der Verzehr eines Big Mac dieselbe Wirkung aus.

Dass weder die neuen Konsumgewohnheiten, noch das Vordringen der Einkaufszentren auch auf Stadtgebiet die alten Märkte in ihrem Lebensnerv getroffen hat, ist ein weiteres barcelonesisches Wunder. Wäre es nicht normal, sie wären nach und nach eingegangen? Stattdessen hat es die Stadt unternommen, einen nach dem anderen zu erneuern und zu modernisieren. Das Paradebeispiel ist die Santa Caterina im Altstadtviertel Sant Pere, von der nur die Außenmauern stehen blieben. Der jung verstorbene Enric Miralles – ein Komet am katalanischen Architekturhimmel – bekam das Ergebnis seines Entwurfs nicht mehr zu Gesicht; auch die Kundschaft kennt vom spektakulärsten Bauteil, der wellenförmigen Überdachung, nur die um einen einzigen Stahlbetonträger entwickelte Holzstruktur. Das Farbenbett der darüberliegenden Keramikverkleidung hingegen können nur einige Auserwählte in den umliegenden Häusern in ihrer ganzen Pracht bestaunen. Manchmal muss die Architektur ihre Preziosen auch in der Stadt der Offensichtlichkeiten verbergen.

Unter den bereits neu gestalteten Markthallen fallen mir des Weiteren ein: El Clot (sie war um 1990 die erste), die Sagrada Familia (mit ihrem Patio und einem Seitenflügel, der den *chaflán* einmal mehr neu interpretiert), die Barceloneta (überkandidelt, obwohl einige der das simple alte Stahlskelett umkragenden Fassadenteile nicht uncharmant sind und das Restaurant äußerst empfehlenswert), die Concepció zwischen den Verkehrsachsen Aragón und Valencia (wobei an Letzterer der rund um die Uhr geöffnete Blumenmarkt erhalten blieb), und Fort Pienc, von Barcelonas derzeit wohl feinsinnigstem Architekten, Josep Llinás, in einen von ihm raffinierter denn je durchmischten Cerdà-Block gefügt (durchmischt auch der Stadtteil durch die zunehmende chinesische Präsenz). Im Herbst 2009 hat zudem die Renovierung des neben der Santa Caterina größten, kreuzförmig in den Block gepassten Mercado de San Antonio eingesetzt. Vom umlaufenden Klamottenbazar, der sich jeden Sonntag in Barcelonas unerschöpflichstes Bücherantiquariat verwandelte, bis zum Fischrondell unter der zentralen Kuppel, und abgesehen von dem in die umliegenden Straßen sich entfaltenden Delirium aller denkbaren Waren, war es Barcelonas fabelhafteste Markthalle. Nach zuversichtlichen Schätzungen werden ihre Kunden ihre Einkäufe vier Jahre lang in den provisorischen Zeltbauten zu tätigen haben, die nun die gleichnamige *ronda* – auf Wienerisch Ring – für den Verkehr unpassierbar machen. Gleich um die Ecke stößt man auf eine der elegantesten Bibliotheken Barcelonas – den ersten Bau, den das bisher ausschließlich in der katalanischen Provinz arbeitende, aber bis nach Japan zu Kultstatus gelangte Architekturbüro RCR in Barcelona errichten konnte. Womöglich noch sehenswerter sind die beiden Bibliotheken, die der zuvor erwähnte Josep Llinás im Stadtteil Gracia gebaut hat, und die beide als architektonische Formen präzise Antworten auf die bestehende Umgebung liefern.

Das urbanistische Gen, diese Obsession für seine städtebauliche Entwicklung, war Barcelona einst durch Ildefonso Cerdà eingepflanzt worden, der mit seinem Erweiterungsplan ein ländliches Gebiet in Europas weitläufigstes Stadtzentrum rationalistischen Zuschnitts verwandelt hat. War aber die

nachmalige, von dem Ingenieur so nicht vorgesehene Verdichtung, das Aus- und An- und Auffüllen
des vorhandenen Raums mit städtischer Materie,
nicht zugleich die Erfüllung eines urbanen Willens
und eines urbanen Traums?

Diese idealistische Sicht der Dinge blendet den
spekulativen Hintergrund der Verstädterung aus.
Inzwischen hat sich der Großraum Barcelona hinter
dem zum Zentralpark mutierten Collserola-Gebir-
ge zu einem Ring geschlossen, in dem zwei Drittel
der katalanischen Bevölkerung leben. Noch immer
starren jene peripheren Plattenbauten, in denen von
den fünfziger bis in die siebziger Jahre Hunderttausende vorwiegend südspanischer Immigranten
angesiedelt wurden, wie mittelalterliche Mauern ins
Land. Eine gute Schule in zweierlei Hinsicht: Mochten sie auch später erst durch den urbanistischen
Elan, den die Stadt ab 1980 entfaltete, mit den nötigen Infrastrukturen ausgestattet worden sein, bleiben sie doch beispielhaft für eine das Land nicht mit
Reihenhaussiedlungen zerfressende, ökologisch un-
gleich katastrophalere Entwicklung; und die nachmalige Aufnahme weniger leicht zu integrierender
Immigranten verlief vielleicht auch deshalb relativ
problemlos, gerade weil sie in Überbauungen un-
terkamen, die einen schlechteren Ruf haben, als sie
ihn verdienen.

Zwar hat die Altstadt, der traditionelle Einwan-
dererbezirk, weiterhin den höchsten Ausländeranteil, und das kann, vermischt mit der vergnü-
gungssüchtigen Eurojugend und den unablässig
vorbeitrottenden Touristenherden, an die Nerven
gehen. Anders als in Paris, Berlin oder London sind
Barcelonas neue Immigranten aber fast gleichmäßig
über die zehn Stadtbezirke verteilt. Höhere Anfor-

derungen scheint die Verteilung der Touristenströ-
me zu stellen. Soll man sie vielleicht künftig auch
durch jene Viertel schleusen, die seit jeher von der
katalanischen Bourgeoisie bewohnt werden – die
Bonanova, Pedralbes, Sarriá –, in denen sich natürlich auch die wohlhabenden westeuropäischen Immigranten mehrheitlich angesiedelt haben?

Es ist anzunehmen, dass es sich – obwohl es dort
weniger aufregend zugeht – genauso um Stadtgenie-
ßer handelt wie bei dem kunterbunten Menschen-
schlag, der die Unterstadt bevölkert. Ein Bewusst-
sein für das Ganze des so rational gewachsenen und
so turbulent sich gebärdenden Stadtkörpers geht
vermutlich beiden mehrheitlich ab. Die Profis freilich, Barcelonas Urbanisten, haben dem Genüssli-
chen, das noch dessen scheinbar unwirtlichste Orte
bergen, Form zu geben versucht. Sie wurden dafür
oft, und gewiss nicht immer zu Unrecht, gerügt. Bisweilen aber war das Ergebnis besser – oder doch
anders –, als sie selbst es sich erträumt hatten. Die
Rambla del Raval nahm sich, als für ihre Erschaf-
fung fünf Häuserblöcke niedergemäht wurden, wie
das Todesurteil für das Viertel und nebenbei für das
Renommee der Planer aus. Heute ist sie, und nicht
nur wegen ihrer schönen Straßenlampen, der ange-
nehmste Stadtraum weit und breit. Natürlich trägt
auch hiezu das milde Klima bei.

Man setzt sich in Barcelona gerade an einem
schönen Januarmittag gern ein bisschen in die Sonne. Ist es hier nicht sowieso Bürgerpflicht, täglich
stundenlang herum- und dem Leben nachzustrol-
chen? Keine andere Stadt hat auf gut gestylte Trottoirs mehr Wert gelegt, hat stupendere neue Plätze
und Parks erfunden und ihre eigentlich schon voll-
kommene Struktur unablässiger verbessert. Mai-

land mag tüchtigere Möbeldesigner haben, aber für Mülleimer, Bushäuschen und Sitzbänke ist Barcelona zuständig. So sind unzählige Bühnen entstanden, auf denen sich der Stadtmensch in Szene setzen kann – oder auch einfach zuschauen.